荣格：做自己心灵的主人

大师开讲

卓雅 编著

全国百佳图书出版单位
时代出版传媒股份有限公司
黄山书社

图书在版编目（CIP）数据

大师开讲·荣格：做自己心灵的主人 / 卓雅编著. -- 合肥：黄山书社，2014.5

ISBN 978-7-5461-4443-6

Ⅰ. ①大… Ⅱ. ①卓… Ⅲ. ①荣格，C.G.（1875 ~ 1961）－语录 Ⅳ. ①K811

中国版本图书馆 CIP 数据核字（2014）第 078021 号

DASHI KAIJIANG · RONGGE ZUO ZIJI XINLING DE ZHUREN

大师开讲·荣格：做自己心灵的主人 卓雅 编著

出 品 人 任耕耘
选题策划 任耕耘 杨 雯
责任编辑 秦矿玲
特约编辑 李晓阳 赵迪秋
装帧设计 齐 娜
出版发行 时代出版传媒股份有限公司（http：//www.press-mart.com）
黄山书社（http：//www.hspress.cn）
地址邮编 安徽省合肥市蜀山区翡翠路 1118 号出版传媒广场 7 层 230071
印 刷 安徽国文彩印有限公司
版 次 2015 年 6 月第 1 版
印 次 2015 年 6 月第 1 次印刷
开 本 880mm × 1230mm 1/32
字 数 120 千
印 张 7.5
书 号 ISBN 978-7-5461-4443-6
定 价 28.00 元

服务热线 0551-63533706
销售热线 0551-63533761
官方直营书店（http：//hsssbook.taobao.com）

目录

找到心灵的安放之所（代序）

卡尔·古斯塔夫·荣格(Carl Gustav Jung,1875—1961)，瑞士著名心理学家、精神分析学家，分析心理学的创始人。他出生在瑞士一个基督教氛围浓郁的家庭中，外祖母和八个叔叔都是神职人员，父亲则是一位虔诚的牧师，几乎把信仰当作生命的全部。

在这样的家庭氛围影响下，荣格对基督教也有深入的研究。但和当时的人们信仰和崇拜上帝不同，荣格另辟蹊径，把研究的重点放在了对上帝的起源的探究上，而不是放在对上帝是否存在的争论上。他认为“宗教就是一种存在，是人类心灵的一种最本质的显现”，“宗教真理在本质上是一种心灵经验的集合，而不是一种观念”。

荣格认为一切问题都能从人的心灵中找到答案。这就促使他投入毕生的精力，致力于解开人类心灵深处隐藏的精神奥秘。在大量医疗实践的基础上，荣格创作了丰赡的、具有开拓意义的心理学著作，如《潜意识心理学》《心理类型学说》《分析心理学的贡献》《人格的结构》《集体无意识的原始模型》，提出了“原型”“人格面具”“集体无意识”等对后世影响深远的心理学概念。此外，他对东西方哲学、神话、文学艺术和自然科学也有深入的研究。拜读荣格的著作，我们可以从字里行间感受到深刻的人文关怀，体会到作者对人类心灵的深入剖析和极度关切。

荣格主张人的“个体化”，强调独立人格的重要意义。“个体化”是分析心理学的核心概念，它是指在日常生活中，个体逐渐成形并与其他人区分开来，是个人成为一个完整存在的重要标志。荣格一再告诫人们“适用于所有人的生活处方并不存在”，“一个人感觉合脚的鞋却可能会夹痛另一个人的脚”。只有拥有独立的人格和思考，才能避免在个人特质和世俗观点之间痛苦挣扎，才能拥有属于自己的快乐人生。

要想培养独立的人格，荣格认为，必须先对自身有清醒的认识。“只有当人能够察看自己的内心深处时，他的视野才会变得清晰起来。向外看的人是在梦中，向内看的人是清醒的人。”人只有认清自己，才能把自己和其他人区别开来，才能明白独立人格的真正意义和价值。

荣格是这样说的，也是这样做的。他与弗洛伊德之间从相见恨晚到分道扬镳的故事就是最好的证明。1907 年，32 岁的荣格亲赴维也纳，拜访有长期书信往来的心理学大师弗洛伊德。第一次见面，两人促膝长谈 13 个小时，结为忘年交。弗洛伊德为荣格的事业发展提供了极大的帮助。但慢慢地，两人在学术方面的看法产生分歧，弗洛伊德父亲式的权威和对荣格学术研究的干涉，逐渐引起了荣格的不满。弗洛伊德希望荣格毫无保留地继承自己的理论，荣格则更需要一个切磋思想、尊重自己的伙伴。最终，在 39 岁那年，荣格离开了弗洛伊德，在历经千辛万苦之后，终于凭借自己的力量开创了分析心理学派，迎来事业的新高峰。后来荣格回忆说：“弗洛伊德是我一生中遇到的最重要的人，没有人可以和他相比。但我不想做个听话的孩子，更愿做一个独立思考的人。”

在关注每一个个体内心的同时，荣格也在为整个人类的未来忧心。他用敏锐的眼光审视着世界，用独立的思考担忧着人类的未来。在众人为科学进步而欢欣鼓舞的时候，他却忧心忡忡地“从中发现了人类疏远和背离上帝的可能”，这种疏远和背离会让人类失去必要的信仰，变得无所畏惧，从而“产生动物不会发生的堕落”，失去最初的可亲、忠诚和信赖，而对“彼此更多一份怀疑”。为此，荣格提醒人类，在物质和科技飞速发展的同时，“不要让道德停滞不前”；否则，“威胁我们所有人的危险不是来自大自然，而是来自人类，来自人的心灵”。

虽然荣格离开我们已有半个多世纪的光景，但他的至理名言依然穿过历史的尘埃，熠熠生辉。在社会巨变的今天，我们每个人心中的困惑、焦虑和不安丝毫没有减轻。荣格说：“我们看待事物的方式，而不是事物本身如何，决定着一切。”今天，我们带着一颗躁动不安的心重读荣格，希望能从大师的箴言中悟出看待事物的新方法，找到心灵的安放之所。

本书从荣格的著作中摘取了和人类的心灵与情感、

科学技术的发展、时代的进步与弊病等内容相关的有益箴言，编纂成六个章节，分别为“孩子与教育”“科学与艺术”“时代与精神”“自我与他人”“理智与情感”和“人格与心灵”，以飨当今读者，共走一段启迪心灵的美好旅程。

第一章

孩子与教育

当今年轻父母的教育方式大抵可以分为两种：一种是用和自己经历的教育方式相反的方法教育孩子，期待通过对孩子的教育弥补自己童年的缺失；另一种是遵循记忆中父母的教育之道，试图把孩子打造成另一个自己。但不论是哪一种教育方式，归根到底，我们都是在为自己考虑，而不是真正为孩子着想。

我们都曾是孩子，还记得儿时渴望让父母了解我们内心想法的那份期待和焦虑吗？

多听听孩子内心的声音吧。只有这样，我们才能给孩子们一个他们心中期待的、真正的快乐童年和幸福人生。

经历未曾经历的

没有什么比父母未曾经历的生活对于人类的生存环境，尤其是对于孩子们的精神上的影响更大。（《人、艺术与文学中的精神》）

旅行的乐趣在于发现未知的风景。在人生的旅途中，如果父母总是要求孩子走自己走过的路，甚至提前“剧透”路边有怎样的美景，如何绕过危险的沟壑，那对孩子而言，这样的旅行还有什么乐趣呢？

放手让孩子规划自己的旅行吧。挑战未知的世界，不论是对孩子，还是对父母，都将是一次有益的经历。

父母是孩子的第一本“教科书”

> 一般而言，人们对父母行为之于小孩的重要性强调过少，因为真正重要的不是言语，而是行为。（《人格的发展》）
>
> 分析儿童心理和分析成人心理的情况完全不同，是一项最为艰难和棘手的工作。孩子有一套特殊的心理。与胚胎期孩子的身体是母亲身体的一部分相似，儿童心理在很多年内也是其父母心理状态的一部分。这就解释了为什么很多儿童精神官能症患者并非真正患病，而往往体现着其父母的心理症状。儿童的精神生活中只有一小部分属于自己，大部分仍依附于父母的精神生活。这是正常的，打破这种依赖反而会危害儿童大脑的自然发育。（《人格的发展》）

小时候，我们会模仿妈妈的样子涂口红，把小脚伸到爸爸的大皮鞋里走来走去，总是钟情于“过家家”，期待把大人的生活搬到自己的小世界里。这是孩子成长的必然过程，是他们认识世界的方法，父母无需太过担心孩子，反倒应该多多注意自己的言行。因为，父母是孩子的第一本“教科书”。

如何回答孩子的“为什么”

他们的启发对儿童造成了伤害吗？这类情况从未发现过。他们健康地成长，一切正常。他们提出的问题显然被抛到脑后了，可能是由于在学校生活中产生了别的丰富多彩的兴趣爱好，以及诸如此类的原因。（《人格的发展》）

孩子们总喜欢问“为什么”。面对接连不断的提问，父母应该如何作答呢？是给孩子一个充满想象的童话式解答，还是给出中规中矩的科学解释？

其实，你的答案是什么并不重要，因为它们终将在孩子成长的过程中，被学校知识所代替。但当初你对孩子发问的赞许，对幼小心灵的尊重，还有你认真思索的模样，则会成为孩子收获的最宝贵的东西。

一起寻找答案

无论给小孩以虚假的解释是多么不可取——因为这只会种下怀疑的种子，然而在我看来，坚持传授正确的解释也是同样的不可取。因为这种僵化的一致性会限制智力的自由发展。而且小孩也会不由自主地陷入一种具体主义的视阈，进而阻碍其进一步发展。与生理同等重要的是精神，它也有自身不可侵犯的权利。（《人格的发展》）

与其急着回答孩子，不如陪孩子一起寻找答案。快乐探索的过程远比结果更重要。

孩子不是母亲的附属品

没有什么比一位试图把自己化身在孩子身上的母亲更能阻碍孩子的正常发育了。她从不会想到孩子不仅仅是一个附属品，而是一个新的、具有个性的生命，常常被赋予和父母截然不同的性格，有时候甚至看起来相异得可怕。（《人格的发展》）

人间常见慈母爱子反倒害子的扼腕之景。可怜母亲一心以羽翼护雏，可惜孩子反遭其苦。该放手时且放手，该扶持时才扶持，任何一个人的灵魂都不是他人的附属品，母亲给了孩子生命，但无法给予孩子灵魂。

童年影响人的一生

成年人最好和最坏的品质恰是儿时心灵在他们身上留下的残余。（《人格的发展》）

很多父母都知道童年的经历可以影响孩子的一生，所以他们努力试图给孩子一个快乐的童年。但什么样的童年才是孩子眼里真正的快乐童年，很多父母似乎还没有找到正确答案。

孩子并非不知真假

儿童一点儿也不像我们想象中的那样愚笨。他们对什么是真的什么不是真的一眼就明。汉斯·安徒生写的那个关于皇帝的新装的故事中包含了一个永恒的真理。(无数父母)如果他们小时候受的管教太严厉，他们就会溺爱他们自己的孩子，对孩子的坏习惯过于纵容。如果在童年，对有些事情一直隐瞒着他们，令他们很痛苦；那么，现在他们会将这些事情不加掩饰地呈现给他们的孩子，却不知这同样是很痛苦的。他们只不过是走向了另一个极端，过去的罪恶仍悲哀地存在的最佳证明——这是他们完全没有考虑到的一个事实。(《人格的发展》)

“仁慈”的父母们总是不想让孩子重复自己小时候的错误，遭遇自己儿时的困窘。但不要忘了，那些“错误”和“困窘”只是“儿时的你”的感受，不要试图用对孩子的教育弥补自己童年的缺失。

多听听孩子内心的声音吧。为了他，还是为了那个“儿时的你”，孩子分得清楚。

“残忍”的父母

这种所谓的“最好”最终往往沦为父母自己忽视得最厉害的东西。这样一来，孩子们是被迫去争取他们的父母最感到害怕的失败，而且身负永远不可能实现的抱负。这样的方法和理念只能造成教育上的畸形。（《人格的发展》）

“残忍”的父母给孩子早早地定下“最好”的目标，并以将来孩子能比自己活得更好为借口逼迫孩子去完成这个自私的任务。看着不快乐的孩子，父母有没有想过这个“最好”究竟是对谁而言的“最好”呢？

孩子的问题反映家庭的烦恼

人们常常倾向地认为，特殊、固执、不服从的儿童特别有个性或者我行我素。这种想法是错误的。在这种情况下，我们应该经常考察他们父母的环境，即父母环境的心理状况和历史。我们几乎毫无例外地发现，造成孩子问题的最合理的原因来自他们的父母。他的令人不安的个性与其说是自己内心生活的表达，还远不如说是反映了家庭中各种烦扰的影响。（《人格的发展》）

常言道："有其父必有其子。"这句话有些绝对了，孩子未必就和父母性格相似。但是，孩子是父母的镜子，这话就对极了。父母的心理状态和情感关系都会在孩子的个性上留下烙印，好或不好，"魔镜"里一看便知。

学校和教师的角色

在这场争取自由的战役里，学校扮演了非常重要的角色，因为它是儿童在家庭之外首先要面对的环境。学校里的朋友取代了兄弟姐妹的角色；教师如果是男的，他就取代了父亲的地位，如果是女的，她就代替了母亲的位置。教师应该意识到他正在扮演的角色，这一点是重要的。他不应仅仅满足于将课程灌输给儿童，他还须通过自己的个性来影响儿童。在某些情况下，后者的作用即使没有实际教学重要，也至少与它同等重要。（《人格的发展》）

“师者，所以传道授业解惑也。”（唐·韩愈《师说》）“传道”是教师的第一要务，先育人方能育才。

家庭教育和学校教育应该互相配合

有时候冲突并不一定就是灾难。误解也不都是致命的，除非是一贯的误解，或者儿童异常地敏感且不可能找到另一位老师。这种情况常常能带来好的结果，但仅仅是当问题的确是出在教师身上。然而，这绝不是普遍规律，因为在很多情况下，教师不得不忍受小孩家庭教育所产生的破坏效果。（《人格的发展》）

学校为了让孩子亲近大自然组织野营，爸妈却担心孩子吃苦而不让孩子参加。学校和家庭的教育差异不仅会让孩子在思想上产生混乱，还会妨碍孩子的健康成长。在教育孩子的同时，父母也应多一些自省与反思。

保护孩子的最好方法

虽然没有父母的儿童是不幸的，但如果儿童过于依赖家庭也同样是危险的。过于依赖父母对他以后适应世界将是一个严重的障碍，因为一个成长着的人不可能停滞不前，永远是父母的小孩。不幸的是，有很多父母让他们的孩子一直保持婴儿的状态，因为他们自己不愿变老，也不愿放弃作为家长的威望和权力。这样，由于他们剥夺了孩子承担个体责任的一切机会，他们对孩子就产生了极其有害的影响。这种糟糕的养育方法要么导致依赖的个性，要么培养出一些这样的男女，他们只能通过偷偷摸摸的方式来获取独立。还有其他一些家长，由于自身的软弱，他们不能用孩子所需的权威来对待他们，而这种权威对于孩子在社会上取得合适的位置却是必要的。（《人格的发展》）

鹰总要离开巢穴去蓝天飞翔，幼苗必须离开温室才能长成参天大树，孩子也必须走出父母的怀抱，从心理上“断奶”。保护孩子的最好方法是让孩子经历磨难，收获坚强，成长为一个足以自己保护自己的人。

学校教育的另一半

学校教育的另一半则是真正的心理教育，教师通过其个性影响使它变得行之有效。这种教育意味着引领儿童进入更为广阔的世界并扩展父母教育的范围。不管父母对儿童的训练多么仔细，因为环境总是一成不变，这种训练绝不能避免某种片面性。（《人格的发展》）

提起学校教育，很多人都会自然地想到系统的学科知识学习，但这并不是学校教育的全部意义。如何引导孩子在学校这个浓缩的“小社会”里习得进入大社会必备的品德和素质，是教师和家长应该共同努力的方向。

培养真正的人

成功并不依赖于方法，正如学校生活的唯一目的并非是在儿童的头脑中填满知识，而是要把他们培养成真正的男人和女人一样。我们没有必要过于关注孩子离校时从学校得到的具体知识的数量；学校应该成功地将年轻人从他们与家庭的无意识的一致性中解放出来，还应让他们对自己有正确的意识，这才是至关重要的。没有这种意识，他们将永远无法了解什么是他们真正想要的，然而一直保持着依赖和模仿，并产生一种受到误解和压抑的感觉。（《人格的发展》）

　　教育的成功与否不是以拥有知识的多少为标准的。走出校园的年轻人是否具有了独立的人格和优良的品德，更值得家长和社会关注。正如教育家蔡元培先生所说，“德育实为独立人格之本，若无德则虽体魄智力发达，适足助其为恶，无益也”。

活到老学到老

我决不认为一个人的教育在他离开学校时就结束了，即使他已经达到了大学的程度。不仅应该有针对年轻人的继续教育课程，还应有针对成人的继续教育学校。（《人格的发展》）

活到老学到老。学习不只是孩子的事，教育也不单单是学校的事。我们终会长大成人，走出校园，但教育远未结束。

缺乏教育的成人

目前，我们教书育人只是为了让他们能够谋生、结婚，之后教育就完全终止了，就好像他们的头脑已经全副武装好了。而其他复杂人生问题的解决就全得依赖个体的判断力或者无知。无数愚蠢的、不幸的婚姻，无数工作的失意完全都是由于缺乏成年教育所造成的。无数的男男女女，就这样对最为重要的事一无所知，了此一生。许多幼稚的缺点之所以被认为是根深蒂固的，在很大程度上是因为人们常常可在成人身上觅其踪迹。对于这些成人，大家认为教育已经结束了，因此就过了可受教育的时期。这是一个莫大的错误。成人是可教育的，而且对个性化的教育艺术会欣然回应；但自然地，成人教育不能照搬适宜儿童的教育方式。（《人格的发展》）

孩童教育，主要是知识和能力的教育；成人教育，主要是心理与生活的教育。缺乏教育的成人，就像缺乏引导的盲者，将会在他的人生之路上跌跌撞撞地行进，给自己和他人都带来莫大的伤害。

必须培养自学能力

间接的而非直接的教育方法才能最好地满足成人的需求；换言之，这种教育方法必须使他拥有一种心理知识，能够让他进行自我教育。我们不能也不应期望儿童做出这种努力，却可以期望成人这样做。（《人格的发展》）

中国数学家华罗庚曾说："任何一个人，都要必须养成自学的习惯，即使是今天在学校的学生，也要养成自学的习惯，因为迟早总要离开学校的！自学，就是一种独立学习、独立思考的能力。行路，还是要靠行路人自己。"

我们都是后人的教育者

问题不再是父母不去犯错——对人类来说那也是不可能的——而是他们能够承认错误的本质和原因。我们应该查问的不是生活，而是无意识；最重要的，是教育者的无意识。但这也意味着我们所有人的无意识，因为我们不论好坏都是后人的教育者。我们人类在道德上的联系是如此紧密，领导者带领着被引导的人，而被引导的人又将领导者带入歧途。（《人格的发展》）

“我们都是后人的教育者”，前人也是我们的教育者。子曰：“见贤思齐焉，见不贤而内自省也。”（《论语·里仁》）不论前人的作为是功还是过，都是值得细细思考、慢慢学习的历史。

如何应对孩子对老师的迷信

孩子对老师的个人缺点有着一种几乎是神奇的直觉。他们对于对和错的了解远比我们愿意承认的多。因此，老师应该注意自己的精神状况，这样才能够在自己照管的孩子出现问题时发现问题的源头。（《人格的发展》）

教育者总是教育的人，而孩子永远是被教育的，这并不正确。教育者自己本身也是容易犯错误的人，而他所教育的孩子会反映出他的失误。因此明智的做法是对个人的主观看法，尤其是个人的错误要尽可能保持敏锐的判断力。一个人是怎么样的，也就是他的本质，也是他对别人影响力最强的一点。（《人格的发展》）

对孩子们来说，老师就是权威。老师在孩子们面前的任何行为都不会被孩子们忽略。针对这一情况，老师一方面要注意自己的言行，尽量少犯错误；另一方面，老师也有责任教会孩子不要迷信所谓的权威，让自己走下神坛，也让孩子们走上健康成长的轨道。

要有一颗理解的心

按照我自己的经验来看，我会说教师最重要的就是要有一颗理解的心，而且再怎么敬重都不过分。当人们回忆起那些优秀的老师时会赞叹不已，回忆起那些触动过我们心灵的老师时会心怀感激。学校的课程是非常必要的原料，但温暖是植物生长，同时也是儿童心灵成长最必不可少的条件。（《人格的发展》）

老师让幼儿园的小朋友们回家帮妈妈洗碗，有两个小朋友在洗碗时不小心把碗打碎了。一个小朋友得到了妈妈的理解，还因为帮妈妈做家务而受到表扬；另一个小朋友则被狠狠地批评了一顿。从此，被理解和表扬的小朋友会更勇敢地接受挑战，并认真谨慎地把任务完成，而被批评的小朋友则谎话连篇，不断地逃避责任或掩盖事实。

很多年后，我们可能会忘记儿时学的书本知识，但那时体会过的温暖和由此习得的品德，会伴随我们一生。

平等对待每一个孩子

我逐渐意识到老师的态度毕竟是建立在帮弱补差这个高尚的规则之上。这些规则很容易被上升为没有感情、禁不住进一步思考的原则。因此善良会导致这样一个可悲的讽刺画面：人们帮助后进，消灭差生，但与此同时也冒着把有天赋的儿童置在后面的危险，尽管位居同伴前面会引起反感，显得不甚恰当。（《人格的发展》）

老师们都明白“平等对待每一个孩子”的重要性，但给成绩后进的孩子更多的关心，不失为一种新的不平等。成绩后进的孩子明白老师为什么关注他，反而会心生排斥和自卑；成绩优异的孩子也可能因为老师的忽视而心生怨言。怎样才能做到真正的“平等对待每一个孩子”，是值得我们认真考虑的问题。

如何教育有天赋的孩子

教育有天赋的儿童，对教育者自身在智力、心理、道德和艺术等面都有着相当高的要求。这些要求也许没有一位教师能够达到。然而，要想恰当地对待学生中有天赋的人，他自身必须有点天赋。（《人格的发展》）

面对有超凡天赋的孩子，老师的知识和智力可能难以满足学生的要求，但可以在人格和心灵上对学生进行指导。后者对老师提出了更高的要求，也将使孩子受益终生。

天才儿童的悲哀

许多天赋似乎具有自我保护的特有能力。而且一个有天赋的小孩越接近天才，他的创新能力——正如“天才”这个词所暗含的——就越像一个超越他的实际年龄的人格。你甚至可以说它像一个具有神性的魔鬼，不仅不需要教育，而且有必要保护儿童免受其干扰。（《人格的发展》）

目前我们的教育方式和制度的悲哀，有时就在于，教育者不因孩子异于常人的天赋而欣喜，反而会感到惧怕，就像惧怕一个会降临祸事的魔鬼，因而拼命地用常规教育去修正或拘禁它，结果是天赋被磨灭，创造力被围困。久而久之，天赋被驱逐，天才成了常人。

神童在学校里

在我看来，将有天赋的儿童和其他儿童放在一个常规班级受教育，而不是为了强调独特地位而将其转到一个特殊班级似乎更好。归根结底，学校是外部大世界的一部分，它是社会的缩影，包含了小孩将来不得不面对和接受的所有方方面面。至少，其中的一些必要的适应能力能够也应该在学校学会。（《人格的发展》）

学校就是一个浓缩的小社会。让有天赋的孩子和普通孩子一起玩耍和学习，可以使他们认识到社会的多样性，也让普通孩子看到所谓“神童”的平凡，让“神童”看到其他孩子身上的优秀。

社会就是这样，有各种各样的人，每个人都有自己闪光的一面和平凡的一面。

神童也是孩子

通常，有些父母无法实现自己的抱负，就把它们寄托在他们有天赋的孩子身上，对孩子严厉管教，使其成为榜样。有时，这对孩子后来的发展是非常有害的，很多神童的结局就是明证。（《人格的发展》）

玩耍是孩子的天性，无忧无虑是孩子的特权。别忘了“神童”也是孩子，也应该拥有一个快乐的童年。

神赐的礼物具有两面性

所有的天赋在道德上都有一个不利之处，有天赋的孩子会产生一种优越感，因此会产生飘飘然的感觉，这就需要用相应的谦卑感来加以制约。然而，有天赋的儿童大多是被溺爱惯了的孩子，他们总是期待受到特别的待遇。我以前的老师充分意识到这一点，而这就是他为什么要发表他那些道德“灌输”的原因。但当时我并没有得出其必然的结论。从那时起，我就懂得了将我的老师看作命运的工具。他第一个让我明白了这个残酷的现实：神赐的礼物具有两面性，既有明的一面，也有暗的一面。超前发展就意味着将遇到更多的打击，如果你不是在老师那里受打击，那你就会在命运中受打击，一般而言是二者兼而有之。有天赋的儿童如果及早地让自己意识到这点，将对他有好处：任何出类拔萃之处都会让自己处于特殊的位置，面临许多危险，而首当其冲的就是过于自信。唯一的预防措施是谦卑和随和，而且就是这些也不是总起作用的。（《人格的发展》）

“祸兮福之所倚，福兮祸之所伏。”天赋是神赐予的礼物，在带来满满的宠爱和无限期待的同时，也会为孤单、不成熟，甚至人格的缺陷埋下隐患。

德者，才之帅也

伟大的天赋是最美丽的，但常常也是最危险的，就像人性之树上的果实。它们挂在最易折断的枝丫上。在大多数情况下，正如我早已指出的，天资的发展与人格总体上的成熟成反比。而且，常常我们还会有这样的感觉，创造性人格的成长是以人性为代价的。的确，有时天赋和人性之间的偏差如此之大，让人们不得不反思天赋少一点儿会不会更好。毕竟如果道德低下的话，有再高的天赋又算得了什么呢？君不见，天赋高的人由于人性上的缺陷，他们的作用没有发挥出来的情况不在少数。天赋并非绝对是有价值的，或者说只有当人格的其他部分与之匹配时才具有价值，才能发挥作用。创造的力量很容易最终沦为毁灭性的力量。它仅仅取决于人格的道德观，那些力量是用于好的事物还是坏的事物。（《人格的发展》）

“才者，德之资也；德者，才之帅也。”（北宋·司马光《资治通鉴》）这句话的意思是才是德的支撑，德是才的统帅。司马光纵览中国千年历史，把人分为四类，就“德”和“才”孰轻孰重发出由衷感叹：“是故才德全尽谓之‘圣人’，才德兼亡谓之‘愚人’；德胜才谓之‘君子’，才胜德谓之‘小人’。凡取人之术苟不得圣人、君子而与之，与其得小人，不若得愚人。”（《资治通鉴》）

教育的三种类型

一般而言，人们可以将教育分为三种：第一，示范教育。这种教育可以在完全的无意识中进行，因此它是最古老，或许也是最富成效的一种方式。孩子在心理上或多或少与其环境，特别是他的父母具有一致性，这一事实是对示范教育的有力资辅。……归根结底，一切教育都基于心理一致性这一基本事实，而且，在任何情况下，决定性的因素都是这种借助榜样看似无意识的感染力，这一点甚为重要，以致即使是最好的意识教育方法，它们的效果有时也会完全被不好的示范所抵消。第二，集体教育。就集体教育而言，我并不一定是指大众教育（比如在学校的教育），而是指根据规则、原则和方法来从事的教育。这三种事物必然具有集体的属性，因为我们认为至少它们对大部分人是有效和适用的，而且，对所有已经学会如何使用这些事物的人们，它们亦是有效的工具。可以理所当然地认为，集体教育除了产生所预设的结果，并无其他作用，同时，经由这种教育培养的个体将通过一般规则、原则和方法得到塑造……

第三，个体教育。在应用这一方法时，所有的规则、原则和制度都须有助于发挥学生特性这一目的。它与集体教育的目的迥然相异，因为集体教育所寻求的是均衡一致。对所有集体教育不能奏效的儿童都需要给予个别的关注。（《人格的发展》）

第一种教育方式强调榜样的力量；第二种教育方式旨在引导人们学习基本的常识，适应普遍的规则；第三种教育方式则是对“因材施教”的有益实践。对于一个个体而言，这三种教育方式没有严格的先后和高低之分，它们融会贯通，希冀创造出一个有高尚品德和独立人格的人。

集体式教育的弊端

就学生的个性屈从于这些教育影响的集体特性来说，学生自然会形成一种与另一个体非常相似的性格，而这一个体，虽然起初很有个性，然而也会以同样的方式服从于集体的特性。假使许多的个体做出同样的服从，那么个体的服从就会转变为个体的一致。服从的个体越多，对于所希望的学生，示范给予的无意识压力也就越大。由于通过无意识的精神感染，群体的示范施加了强制性的影响，所以从长远来看，这一示范对那些性格力量逊于一般水准的个体，即使不能完全摧毁，也可以产生决定性的影响。假如这种集体教育卓有成效，就集体适应性来说，我们自然可以期盼好的结果。另一方面，过于理想化地塑造性格，对个体的独特个性可能产生灾难性的后果。把个体教育成合格的公民和有用的社会成员当然是一个非常可取的目标。然而，以个体的独特性为代价来培育集体价值，这样培养出来的人，虽然可能是一个教育规则、原则和方法的完美典范，并因此能够适应所有的在其教育前提范围内的情形和问题，但是在无规

则可以求助却必须做出个人判断的事物中，他便会感到缺乏自信、心神不定。（《人格的发展》）

集体式教育教会我们适应社会的基本准则，但我们还必须学会保持自己的独立人格。自然之美在于“没有两片完全相同的叶子”，人生之美在于每个人可以创造属于自己的精彩生活。

身正为范

感情的天资没有智力上和技能上的天资那样显而易见、引人注目，而且正如后者需要教师特殊的理解能力，那些其他的天赋也是如此，这往往就更要求教师自身必须受过良好的教育。因为终有一天，教育者通过言语进行的教育不再起作用，唯一起作用的是他的人品。每个教育者——我指的是最广义的——应该时常扪心自问自己在生活中是否实践了所教的那些道理，尽其所知，并问心无愧。精神疗法已经告诉我们，到最后能起疗效的不是医生的知识，也不是他的技能，而是他的人格。教育也是如此：它必须以自我教育为前提。（《人格的发展》）

大教育家陶行知先生说：“要想学生好学，必须先生好学，唯有学而不厌的先生才能教出学而不厌的学生。”只有老师自己先做到“身正”，学生才能“不令而行”。

第二章 科学与艺术

科学运用定理、公式、实验等思维和实践方式，探索现实世界各种现象的本质和规律；艺术则用音乐、色彩、动作等感性和唯美的表达，引导人类对现实世界的情感和想象。自古以来，科学和艺术之间就有着千丝万缕的联系。随着人类文明的发展，两者之间的区别愈发模糊。

李政道将科学和艺术比喻为“一个硬币的两面”，认为两者“密不可分”。它们共同的基础是人类的创造力，相同的追求是对真理的探索。英国博物学家赫胥黎曾在著作《科学与艺术》中形象地比喻说：“科学和艺术就是自然这块奖章的正面和反面。一面以感情来表达事物的永恒秩序；另一面，则以思想的形式来表达事物的永恒秩序。”

虽然科学和艺术探索世界的方式略有不同，一个看重理性和逻辑，一个侧重感性和自在，但两者的目的是一致的，即让人类世界更加美好。

我们的生活离不开科学和艺术：科学，让我们的生活更便利；艺术，让我们的世界更完美。

怀疑是科学之母

我们每个人都高举知识的火炬仅仅跑过一段路程，没有任何人能尽善尽美。怀疑本身就是科学真理之母。（《人、艺术与文学中的精神 ·纪念西格蒙德·弗洛伊德》）

著名地质学家李四光先生曾说：“打开科学大门的钥匙，无疑是一个问号。”不仅科学研究离不开“怀疑”，我们的日常读书学习也需要“怀疑”精神。因为“学贵有疑，小疑则小进，大疑则大进。疑者，觉悟之机也。一番觉悟，一番长进”（明·陈献章《与张廷实主事》）。

艺术是永恒的审美

我们常常发现一个落伍的诗人忽然被我们重新发现。我们的意识发展到了一个较高程度的时候，这种情况就发生了，在此种程度上，诗人能够告诉我们某种新的内容。这种新内容始终存在于他的作品中，却隐藏在一个象征中，只有更新的时代精神才能使我们读懂它的内涵。我们只能用更新的眼光去看它，而老眼光只能从中看到已经习以为常的东西。（《人、艺术与文学中的精神 ·分析心理学与文学之间的关系》）

其实，不是我们在历史的尘埃中重新发现了“落伍诗人”的价值，而是我们在自身的成长中重新认识了自己。不同时代的人们总能从过去的艺术中发现新的美。

人类的启蒙来源于恐惧

我们通过感觉去体验已知的事物，但是我们的直觉却指向了未知和隐藏的事物，这些事物的真实本质是隐秘的。如果它们变成了有意识的，那么它们就有意地保持神秘性和隐蔽性，正因为如此，它们自古以来就一直被看作神秘的、离奇的和有欺骗性的东西。它们躲避着人类；人类也出于对宗教的敬畏而躲避着它们，并且用科学和理性的盾牌来保护自己。白天，人类相信存在着秩序井然的宇宙；夜晚他们希望用这种信念来保护自己，以抵抗黑夜中困扰着他们的对于混乱的恐惧——人类的启蒙来源于对夜晚的恐惧！（《人、艺术与文学中的精神 ·心理学与文学》）

在对国家权力的内部分工进行分析时，恩格斯指出这种权力分工源于“人类对自身的恐惧”，即人类对于自己所创立的国家政治制度和人性充满猜忌和戒心。同理，由于对混乱和未知的恐惧，人类迫切渴望理性的光辉，对科学和文明的探索由此开始。

科学探索永无止境

如果一个人满足于似已达到的模糊理解，那么，真正理智而道德的知识的可靠基础便随之丧失了。……一个诚实的研究者将不得不承认，在某些情况下这不可能，但由此而舍弃它们则意味着他不诚实。既然科学家是人，那么，很自然地，他也像别人一样，痛恨那些他不能解释的事物，因此同样沦为那种以为我们今天所知道的就代表着知识的顶峰的共同幻觉的牺牲品。没有什么东西比科学理论更脆弱和具有暂时性。所谓的科学理论只是工具而已，而绝不是什么永恒的真理。（《象征生活·象征与梦的解析》）

科学是一种永无止境的探索过程。任何具体的科学成就，包括那些具有划时代意义的贡献，迟早都会成为过去，甚至被推翻。所以，我们无须迷信所谓的权威和科学，但要学习那些在科学探索之路上一往无前、孜孜不倦的科学家们的科学精神和坚韧品格。

堵不住的艺术之泉

真正的创造力是一眼永远堵不住的泉水。难道世上还有什么诡计能阻止莫扎特或贝多芬的创作？创作的力量比其所有者更为伟大。如果不是这样，那它就是虚弱的，给予有利的条件会孕育持久的才能，但也仅是如此罢了。（《人格的发展》）

贝多芬在失聪的情况下创作了不朽名作《第九交响曲》；米开朗基罗在西斯廷教堂的天花板上连续工作四年，独立完成了巨型天顶画《创世纪》。伟大的艺术创作从来都不是在养尊处优的环境下完成的。

科学家和艺术家的不同

要知道人不可能在所有方面都尽善尽美。如果一个人在思考方面是优异的，那么在情感方面他就肯定不会出众。因为你不可能在同一时间完成两件事。这两件事会相互遮蔽。因此，当你想以一种真正科学或者哲学的冷静方式思考时，就必须摒除所有的情感价值。……然而，像情感这样的东西是存在的。我曾见到过那些奇迹般完美地控制了他们情感的人，最终却严重地被情感所困扰。（《象征生活·分析心理学的理论与实践》）

科学家与艺术家似乎是两种截然不同的人。科学家善于理性思考，艺术家善于情感抒发。虽然现实中，许多科学家也是卓越的艺术鉴赏者，不少艺术家在科学方面也有所建树，但两方面中总有一方面的成绩是更为突出的，不可能两全其美。

科学与宗教

科学不得不考虑存在着什么。宗教就是一种存在，它是人类心灵的一种最本质的显现。它是事实，但科学对它不闻不问；不过它不得不承认有这种事实的存在。科学一直追求这些东西，但它并没有试图解释这些现象。科学不能建立起一种宗教真理。宗教真理在本质上是一种经验，而不是一种观念。宗教是一种绝对经验。宗教经验是绝对的，不容讨论。（《象征生活》）

科学与宗教之间并没有冲突。虔诚地相信科学，其本质和虔诚地笃信宗教是一样的。笃信与虔诚是我们应该持有的态度，但不应走向攻伐异己的极端。包容和贯通，是科学和宗教共同的信仰，也是追求真理的基本要求。

科学的态度与精神

你把一个或许你不理解的陈述设定成一种不合理的东西，只因为你不是上帝。相反，你是作为一个有着极为有限的心灵的、难免会犯错的人存在。当一个发疯的人告诉我某些东西时，我可能会想“这个家伙是在胡言乱语”。但事实上，如果我是科学的，就会说“我不懂”；如果我是不科学的，就会说“这家伙疯了，而我是理智的”。这种观点就是那些在某种程度上心理不平衡的人常常想要变成精神病医生的原因。你对自己不十分确定时，可以说“哦，别的人更差劲”，这是能够为人所理解的，因为它给了你一种极大的满足。（《象征生活·分析心理学的理论与实践》）

在科学领域，自欺欺人的阿Q精神是不被允许的。正如钱学森先生所说：“科学工作千万不能固执己见。缺乏勇于认错的精神，是会吃大亏的。”

其实，不只在科学领域，在任何希望自己能够有所进步，有所作为的领域，我们都应该学会认错。我们无需为承认错误而羞耻，应该为认错后比认错前的进步而自豪。

科学使我们疏远了上帝

我喜欢所有的热血动物，因为它们与我们是近亲，也分享着我们的无知。我喜欢它们，因为它们也像我们一样有灵魂，我相信，我们能出于本能而理解它们。我想，它们也像我们一样，体验过快乐和悲伤，爱与恨，饥与渴，恐惧与信任，它们具有所有生命存在的基本特征，除了语言、敏锐的意识和科学外。尽管我一向对科学非常的崇敬，但我从中发现了疏远和背离上帝世界的可能性，从而导致产生动物不会发生的堕落。动物是可亲和忠诚的，永不变心和值得信赖的，而对人，我更多的是怀疑。（《荣格自传：梦、记忆、思想》）

科学的发展揭开了神学、宗教的神秘面纱，但在带来文明进步的同时，也造成了信仰的缺失。没有了信仰，人便无所畏惧，心灵无处安放，而由这样的人组成的社会，是值得担忧的。

我们被大自然孤立了

经过科学的理解，我们的世界已经变得非人化了。人感觉到了自己在宇宙中的孤立。他不再置身于自然之内，丧失了他在自然事件中的情感参与，而这些东西迄今为止都对他有重要的象征意义。雷鸣不再是上帝的声音，闪电也不再是他复仇的讯息；河不再包含灵魂，树不再标示人生，蛇不再是智慧的化身，山不再隐藏着巨大的妖魔。没有东西同他交流，他也不同石头、泉水、树木、动物等这样的东西交流。他不再拥有一种丛林灵魂，以此来和野生动物打成一片。他同自然的直接交流一去不复返了。（《象征生活·象征与梦的解析》）

原始的我们是和整个世界活在一起的。我们在林中和野兽一起为生存奔跑，和植物一起随着四季变化。我们是自然的一分子，不渺小，也不伟大。但现在，随着科技的进步，我们和这个世界分离了，我们奴役鸟兽花木，不再敬畏大自然。我们以为这是人类的胜利，但其实我们已经被大自然抛弃，并终将为此付出惨重代价。

艺术使世界完美

炼金术中有云：“但凡自然未能使之完美的，艺术使之完美。”人类，其中也有我，以一种看不见的创造活动才使世界完美，使之成为客观存在。人们通常认为这是造物主所为，而未曾考虑过，这样一来，就无异于把生命和存在看作一架设计完备的机器，它毫无意义地伴随着人类的精神、根据已知而确定的规则向前发展着。在这样一个毫无情趣的钟表般遐想中，没有人类、世界和上帝的戏剧，没有通往“新岸”的“新的一天”，有的只是单调乏味的计算程序。（《荣格自传：梦、记忆、思想》）

如果没有科学，人就只能被动地存活于世；如果没有艺术，人就只能乏味地挨过一生。

读诗，读自己

神话在白昼被人们遗忘，但在夜晚继续得到传诵，一些有影响的人物在意识中遭到了贬低并被讥讽为可笑琐屑，但诗人们重新将之发掘出来，并在预言中让其复活。由此，这些“改变后的新形象”重新获得了善于思考之人的认同。（《荣格自传：梦、记忆、思想》）

诗歌，简洁凝练，作者的思想都包含在了那寥寥数字之中，因而给读者无限的想象和思索空间。其实，读诗时是否读懂了作者的所思所感已不重要，重要的是，读者是否从自己的解读中读懂了自己的内心世界。

艺术家是时代的代言人

正如每一位真正的先知一样，艺术家就是他生活的那个时代的精神的神秘的无法察觉的代言人，而且像梦游的人一样是毫无意识的。他认为是他自己在说话，然而时代的精神才是他的撰稿人，不管这种精神说了什么，都被其结果验证出是真实的。（《人、艺术与文学中的精神·尤利西斯：一篇独白》）

艺术家的作品总是在时代的大背景影响之下产生的，蕴含着一个时代的思想和精神。正如北宋画家张择端的《清明上河图》反映了一个时代的兴盛和繁荣，法国画家德拉克罗瓦的《自由引导人民》记录了一个时代的抗争和变迁。

艺术家是时代的记录者和代言人。

拒绝沉默的少数

民族和时代——像个人一样——具有它们自己特有的倾向和态度。正是“态度”这个词泄露了每一种明显倾向所必需的偏见。倾向暗示着排斥，而排斥则暗示着相当多的能在生命中发挥作用的心理因素，因为与普通态度不兼容而被剥夺了存在的权利。正常的人可以随波逐流而不会使自己受到伤害；而那些由于不能忍受宽阔的公路而去选择后街小巷的人将会首先发现那些等待着在集体生命中发挥作用的心理因素。（《人、艺术与文学中的精神·分析心理学与文学之间的关系》）

“明哲保身”是大多数人的处世之道，因此“随波逐流”也就成了很多人共同的选择。然而，就是有那么一小伙人，他们不愿沉默，拒绝人云亦云，因此被视作异类，甚至遭受排斥。但正是这占少数的一伙人能发现普通人发现不了的新事物，甚至推动一个民族和社会的进步，拯救沉默的大多数。

做生活的强者

强烈的阻抗是一种典型的原始社会的心理，它构成一种保守的规则，并显示出明显的厌新守旧主义倾向。任何新的和未知的事物都会引起强烈的，甚至令人迷信的恐惧。这种原始性表明了一种野性生物对于不合意事件的所有反应。我们高度分化了的文明并没有完全从这样的原始行为那里彻底摆脱出来。一种与普遍期望不相一致的新观念总会遭遇到一种严重的心理上的障碍。它不被信任，且令人恐惧、招致抗争，在每一个方面都招人讨厌。很多先行者都会有这样一类痛苦的经历，这都是由于他们所在时代的原始性的守旧主义作祟。（《象征生活・象征与梦的解析》）

一个时代的先行者总会不可避免地遭遇那个时代强烈的阻碍，必须面对来自守旧势力的阻挠，会被误解、被嘲讽，甚至被杀害。真正的先驱，不但要有超凡的智慧，还要有非凡的意志力，可以忍受来自外部和自身内心的阻抗。

也许我们无法成为时代的先行者，但我们可以学习他们的勇敢和坚持，坚强面对人生路上的艰难险阻，成为生活的强者。

身后美名

善于思考的民族当然理解他（先驱者）的用意，那是由于他的言论与民众中已发生的事件相一致；也由于他预见到了他们的愿望，因而他们痛恨这些思想创造者，这一切并非出于恶意，而仅仅是出于自我保护的本能。当对集体无意识的理解到达一定深度，在那再也不能通过意识来把握其内容时，就无法直接确定它究竟是我们必须抛弃的病态的东西，还是由于其极端的深度而无法理解的事物。具有深刻意义而未被很好理解的内容往往都有某种病态的特征。病态的东西通常都是具有深刻意义的。但在这两种情况下，路径都不平坦。即便是达到了，这些创造者也只能赢得身后美名，且常常在几个世纪之后。（《心理类型——个体心理学》）

引领时代是先驱们的伟绩，预见未来是思想家的使命。他们可以用响亮的声音表达出早已存在，众人却避而不谈的一切；他们也可以以清醒的头脑预见将要发生，众人却不肯相信的未来。平凡的众人无法判断这些有深度但又看似病态的预言是真是假，但时间最终会为这些时代的先行者们平反昭雪。

如何成为天才

我们可以在日常生活中发现这点，有时一些令人左右为难的事会被最出乎意料的新方法解决掉。许多艺术家、哲学家，甚至科学家，都能从突然呈现在潜意识中的灵感中得到了最佳的想象——拥有达到或者取得这种质料的能力。能够有效地把它运用在哲学、文学、音乐或科学发明上的人，就是一般所谓的天才。（《荣格说潜意识与生存》）

为什么我们想不出解决问题的妙招？为什么我们的灵光一现只能稍纵即逝，成为过眼云烟？其实，成为天才并不难，只需勤思考，多用心。

灵感需要付诸实践

一种新的思想或只是一种不同寻常的观点，只有以事实才能向世人来证明。事实是站得住脚的，不会随着时间而被遗弃。一个人总会遇到一次这样的情况，他知道他发现了什么。（《荣格自传：梦、记忆、思想》）

一个人在一生中总会有几次奇思妙想，把想法付诸实践，也许就会诞生惊人的发明创造。但能把灵感付诸实践，并愿意为此经历失败，甘愿等待的人少之又少。所以在这个世界上，普通人多，科学家和艺术家少。

弯下腰才能舀到水

人们说我聪明或者是个“智者”，对此我是无法接受的。这就像一个人从一条河里舀起一帽子的水，这能有多少呢？我并不是那条河流。……有一个美丽而古老的故事，讲一个学生来到一位法师面前询问：“过去有人看到过上帝的容貌，为什么现在再也没有人能看到了呢？”法师回答说：“因为今天再也没有人能够把腰弯得那么低了。”人们必须弯下腰，才能舀取河水。（《荣格自传：梦、记忆、思想》）

诗人冯雪峰曾说：“我们不要把眼睛生在头顶上，致使用自己的脚踏坏了我们想得之于天的东西。”越智慧的人越明白自己的无知，越成熟的人越懂得弯下腰。

传递知识的火炬

我们每个人传递知识火炬的距离是有限度的。我们需要他人来接替。要是大家都能很客观地去接受这个道理——同时要是我们了解，我们并非真理的创造者，只不过是真理的诠释者，只是今日众人心灵需求的代言人的话——那么，其中许许许多多的苦痛自能免除，而且我们也自能了解人类心灵所具有的深奥及其超越个人的连续性了。（《寻求灵魂的现代人》）

不论我们是普通人，还是科学家或艺术家，我们都是传递知识火炬过程中必不可少的一环，都具有影响后人的力量。所以，努力学习吧，为了自我的成长，也为了肩上传递知识的责任。

生活的艺术家

然而，我们该记取一件事，即世界上有资格被列为生活艺术家的人可以说是凤毛麟角啊！生活的艺术是一切艺术中最可贵的，也是最稀罕的。到底世上有几个人曾把生命之酒饮得痛痛快快呢？所以说有太多的生命从人们手中平白地溜过去——有时甚至，即使他们都全力以赴了，亦仍然有怀才不遇之感。他们往往以很不满意、时常念念不忘过去的心情踏入老年的门槛。像这种人，如果他时常回忆过去的话，是最危险不过的。他们非要时时刻刻有个未来的希望与目标不可。

托尔斯泰嘲笑人们“我们还以为我们能够有什么伟大的东西——思想呀，事业呀，这些全是尘埃”；林语堂则说“快乐就是‘温、饱、黑、甜’”，吃得美食，睡得好觉，足矣。

想把生活过得简单，把日子过得快乐，说起来容易，做起来很难。如果你做到了，那么你就是生活的艺术家！

幻想是创造力的源泉

说实话，我对幻想有极高的评价。就我个人而言，那才是所谓的男性创造力的表现。我不想反对幻想。当然，有许多毫不足取的、不正常的、病态的、令人生厌的幻想，其枯燥性只要是稍具有普通常识者便会察觉出来；可是我们并不可以凭此点去反对那富有创造性的幻想啊！人类一切工作的渊源都是来自幻想。既然如此，我们怎么有权利去贬低其价值呢？一般理论认为，幻想并非空洞而不切实际的东西，它是具有深度的东西，与人类本能和动物本能是息息相关的。它常会很奇怪地作自我修正。想象力的创造性活动使人摆脱了束缚，同时亦解放了人的活动性。正如席勒所说的，一个活动的人才算是真正完整的人。（《寻求灵魂的现代人》）

当长辈不再责备你“做白日梦”的时候，你可能就长大成熟了，但危险的是你正在丧失幻想的创造力。当你成熟到被困在由一切社会规则所组成的围城内时，幻想就是你可以呼吸围城之外新鲜空气的动力。我们为什么无法享受幻想带来的愉悦？或许是因为我们惧怕失败，担心周遭异样的眼光，最终只能和幻想带来的创造力失之交臂。

第三章

时代与精神

肉体短暂，精神长久，但这长久的精神又变动不居，纷繁复杂。时代更替，精神变换，从古至今，有多少精神流传，又有多少精神湮灭。即便是在同一个时代，不同民族、不同地域、不同经历的人的精神世界和价值观也会千差万别。那么人类精神的共性是什么？探究人类精神的钥匙又在哪里呢？

时代在发展，文明在进步，却有越来越多的人深受精神危机的困扰，渴望寻找一条通往内心宁静的道路。我们应该如何平衡物质发展和精神满足之间的关系？浮躁焦虑的人类精神世界又将何去何从？

荣格将带领我们一起回顾数千年的东西方人类历史，从我们来时的路中寻找精神的归途。

了解过去，看清未来

人类的事务非常依赖于个体的心灵和道德品性，也依赖于人类的普遍精神。但是，我们如果要从正确的视野来认识事物，就需要既理解人的现在，也理解人的过去。（《象征生活》）

人类思想的发展和意识领域的开拓并驾齐驱，每一步前进都极为痛苦，都是艰辛的成就。在研究人类思想历史时，我们一次又一次为之深深打动。（《人格的发展》）

了解过去，才能看清未来，精神领域也是如此。在这个普遍迷失方向的时代，回望来时的路，重新认识自己，就显得弥足珍贵。

当宗教的神不再被信仰

当所有被根除了的神在人身上找到归宿时，人就应该大声呼喊“我是哲学家、魔鬼、英雄、上帝，我无所不是”；而且，当一种赞美精神的宗教消失的时候，就会有一种创造性事物的原始意象取而代之。（《人、艺术与文学中的精神·帕拉塞尔苏斯》）

当中世纪的阴霾被文艺复兴、启蒙运动一扫而光的时候，人们开始觉醒。以往被仰视的宗教神力被一种新的神力所取代，那就是人的创造力。当人类发现自己的创造力可以取代自己创造出来的、压迫自己的神的时候，我们就不再祈求神的恩赐，而是充满自信地去创造新世界。但当人类变得无所畏惧的时候，我们是应该为此开心，还是忧虑呢？

人总要有所敬畏才好

很久以前我们就能从原始社会看到神圣性的缺失意味着什么：他们丧失了他们的真实存在和社会组织的秩序，因而分裂、消亡。现在，我们处于同样的状况。我们已经失去了某些我们永远无法完全理解的东西。与理解象征所呈现的神秘相比，精神领袖们更注重保护他们的规章制度。（《象征生活·象征与梦的解析》）

规章制度对人的约束力完全比不上一个人内心的神秘力量。不论是宗教中的报应，还是自己内心的道德约束力，人总要惧怕些什么、敬畏些什么，世界才可能美好。

精神永恒

人类的精神并不仅仅是时代精神的产物，而是一种更加伟大的具有永恒性与不变性的事物。（《人、艺术与文学中的精神·历史背景中的西格蒙德·弗洛伊德》）

肉体会消失，但人的精神将长存，并对后人产生潜移默化的影响。

要重视历史

重视历史，取这个词最宽泛的意思，是尤为重要的。诚然，重视实际的和有用的东西，重视未来很重要，但回过头来看看过去也是同样的重要。文化意味着连续性，而不是通过“进步”使其同根源断裂开来……我们应该如何把握未来，如何适应未来？除非我们掌握了过去遗留给我们人类的宝贵经验。倘若没有这些经验，我们就失去了根，也失去了角度，对未来将带来的新玩意儿的欺骗也无能为力。纯粹的技能性的和实用性的教育无法避免受骗，而且丝毫不能对其有所反抗。因为，它缺乏一种文化，这种文化内在的法则是历史的连续性，是人类超越个人意识的漫长演进。（《人格的发展》）

过去意味着落后，这样的观念大错特错。至少在文化与精神领域内，过去和落后并不同义。有时，现代的文化反倒弥散着一种落后的气息，颓废不前。在古人的智慧中寻找到精神的“根”，人类未来的路才能走得笃定而坦然。

中世纪才有的快乐

这个世界在中世纪的人眼中是多么的截然不同！对他们而言，地球永恒不动，处于寰宇中心，环绕它的是慈祥的太阳，永远散发着它的温暖。人类都是天主的孩子，得到至高无上的主的悉心照看，主会迎接他们走向永恒的幸福。那时人人都清楚自己要做哪些事情，知道应该如何自处，才能从肮脏的世界得到升华，获得纯洁无瑕、无忧无虑的生活。在我们的心中，甚至在梦里，这样的生活已不再真实。很早之前科学就已经把这具诱人的面纱化为碎片。那个年代就像童年一样遥远，只有幼童会觉得自己的父亲毫无疑问是天底下最英俊、最强壮的人。（《文明的变迁》）

中世纪有中世纪的阴霾，但也有中世纪独有的快乐：人们有的是对天主的敬畏，与自然的亲近，对幸福的笃定。而现在，科学的发展和文明的进步让我们变得对上天无所畏惧，对自然毫不敬重，贪婪获取的同时又难以填平内心的空虚。物质的富足和内心的快乐，究竟哪个更重要呢？

真理也会变成谬误

“物以类治”是古老医学中的一条值得注意的真理，但伟大的真理也最容易变成彻底的谬论。（《象征生活·分析心理学的理论与实践》）

每一个时代的使命都各不相同，只有在回顾以往时，我们才能确定地识别出什么是一定要的，什么是不应该的。当前，罪恶的冲突一直占据主流，因为“战争是一切之父”。然而，唯有历史才能裁决。真理不是永恒的——它只是一种程序。一种真理越是“永恒”，它也就越是脱离生活，越是没有价值。（《心理类型——个体心理学》）

真理不是绝对的。所谓真理，只不过是在一定的时代背景之下，比其他的“谬误”更接近事实而已。时间将是所有人和事物最佳的裁判。

寻找真相的人

但无论何时何地，肯定有人像我那样去寻找真相，会理智地去思考，既不自欺，也不欺人，希望拒绝接受世界是痛苦的这样一个事实。（《荣格自传：梦、记忆、思想》）

在这个世界上，总有那么一些人，不愿活在痛苦的虚假中。他们说真话，做实事，展现真性情，竭尽全力寻找真相，希望还世界一份美好，但也难免在努力的过程中头破血流。你愿意做这样寻找真相的人吗？

好的东西并不永远是好的

人们总是忘记这样一种情况，即曾经是好的东西并不永远是好的。他遵循那些曾经有效的古老路径，而许久以后，它们成为对他有害的了；只有经过巨大的牺牲和难以言说的苦难，他才能去掉这种幻觉，并且辨别出那些曾经是好的东西现在可能过时了，再也不是好的了。小事物如此，大事物也不例外。儿童时期的方法和习惯曾经是非常有效的，人们很难把它们丢弃在一边，即便它们的危害很久之前就被证实了。（《心理类型——个体心理学》）

因循造就习惯，习惯与守旧为伍。很多我们坚持了很多年的习惯或观点，明知已经过时，却就是固执地不肯改变。很多时候，否定自己远远难过否定别人。

蒙蔽双眼的香片

从精神层面来说，西方世界处于岌岌可危的境况当中。我们越是蒙蔽自己的双眼，以为自己拥有美好的灵魂，用这种错误观点来掩饰残酷的事实，那么西方世界所面临的危险就更大。西方人给自己点燃了一支香片，生活在香片散发的阵阵浓烟当中，好让烟雾把自己的脸罩住，让自己看不到。（《文明的变迁》）

蒙蔽人类双眼的香片的浓烟不仅盘绕在西方世界的上空，实际上已经蔓延到了全世界。能否拨开云雾，直视自己不再美好的灵魂，还要依靠自己的精神自省。

道德亟须跟上科技进步的脚步

我们并不能说，跟古代人或原始人相比，当代的人能够造成更大的邪恶。相比较而言，当代人只不过是拥有更为有效的手段，可以帮助他们实现其邪恶倾向，人的意识得到了扩充和异化，但道德本质停滞不前。这就是今天摆在我们面前的重大问题。单单靠理性已经不够了。（《文明的变迁》）

相机，是用来记录生活中的美好，还是用来扰乱别人原本美好的生活，全在使用者的一念之间。在科技飞速发展的今天，道德亟须跟上技术进步的脚步。

破旧的精神家园

我们的智力已然取得最为杰出的成就，但是与此同时，我们的精神家园陷入了破旧失修的状态之中。我们绝对相信，即使是有此刻正在美国建造的最先进、最大的反射望远镜的帮助，人类也不会在最遥远的星云背后发现火热的上帝寓所。我们知道我们的眼睛会在星际空间的死寂空地绝望地徘徊。在数理物理学向我们揭示出无限小的微粒世界时，情况仍不会有任何好转。最后我们对各个时代和民族的智慧进行挖掘，结果发现在我们看来最可爱和最宝贵的一切，已然通过最华丽的语言得到了言说。（《原型与集体无意识》）

不论科技如何发达，精密的仪器、繁杂的数学公式、微小的粒子都不会成为人类的栖身之地，人类最终的归宿还是自己的内心。

修缮好我们的精神家园吧，那是我们永远的家。

财富是能溺死人的水

我们像贪婪的孩子一般伸出双手，想着只要我们能抓住它，我们便可拥有它。但是我们所拥有的已不再有效，而且我们的双手渐渐疲于抓拿，因为在我们的视线范围以内，财富比比皆是。所有的财产都化作水，而且已然溺毙在自己所招来的水中的小法师不止一位——如果他当初没有臣服于这样的补救性幻觉，即这种智慧好、那种智慧糟。（《原型与集体无意识》）

“广厦万间睡眠不足五尺，良田千顷日食不过三餐。”（明 · 《增广贤文》）财富无须太多，过多反会受其累；精神富足，才能获得真正的心安。

时代精神的重要作用

譬如对很多人来说，财富代表最高的幸运，而贫穷则意味着最大的困顿艰辛，虽然实际上富有对每个人并没有带来至高的幸福，穷苦也不构成抑郁寡欢的原因：但是这些观念已经深植人心，而且某些精神的前提也让这些观念言之凿凿，例如那个我们称之为“时代精神”的东西，或者存在于宗教或非宗教的观点之中。后者在道德上有所冲突时，往往扮演着关键角色。……一方面一代传一代的一般偏见，与另一方面世界观与道德的迷惑，相反的是在我所处的混乱时代中，最常成为全面破坏心理平衡之较深刻的理由。（《分析心理学与梦的诠释》）

一个时代的精神会影响一代人的价值观。但时代精神也有对错之分，是随波逐流，还是坚持自我？在抉择的路口，独立人格的养成就显得尤为重要。

勿忘心安

如果视人类为一个个体，那人类就像一个被潜意识力量所迷住的人，而人类又喜欢把某些问题藏在分开的抽屉里。但这就是我们应该多考虑我们在做什么的原因，因为人类现在受到逐渐超乎我们控制的自创和严重的危险的威胁。换句话说，我们的世界像神经病患一样分裂，而铁幕标示出区分象征线。……这种事态说明西方社会这么多人特别无助的感受。他们开始意识到他们面对的困难是道德问题，并试图以核武器或经济“竞争”政策来解决这个问题，但显然于事无补，因为这样会两不讨好：现在我们许多人都知道道德和精神的方法比较有效，因为这两者能提供我们免疫力，以对抗不断增多的传染病。（《荣格说潜意识与生存》）

精神富足则会心安，而“心安身自安，身安室自宽。心与身俱安，何事能相干”（北宋·邵雍《心安吟》）。

美好的东西需要付出代价

正是因为失去了与过去的联系，失去了根，造成了这种“文化上的不适应”和匆忙，所以人们不是生活在当下，而是更多地生活在未来，生活在一种黄金时代的虚幻承诺中，只可惜我们整个进化背景根本不可能达到这一步。人们受不断加强的贪得无厌、不满足和不安分感的驱动，于是毫无顾忌地投身于标新立异中。人们不再靠所拥有的东西来生活，而是靠诺言来生活，不是生活在现今的光明里，而是生活在未来的黑暗中，期盼着日出。人们不愿承认一切美好的东西都是以更大的代价换来的。（《荣格自传：梦、记忆、思想》）

想象中的世界总是美好的，而且是轻而易举就能获得的。但现实远比想象更真实且残酷，唯有通过脚踏实地的付出才能收获期待的美好。

遗失的快乐

欧洲人深信自己早已不是很久之前那样的人了，但对自己变成了怎样的人尚未了然。正是钟表在告诉他，自从中世纪以后，时间及其所蕴涵的进步不断地体现在他的身上，同样，时间也从他身上带走了一些东西。他行装轻便，不断加快步伐向着那朦胧的目标行进。他想象着一次又一次的成功，如火车、轮船、飞机及火箭，用速度不断减少持续时间的长度，并不断地用另一种更快的速度将之代替，以这样的成功来补偿重量的丧失及其相应的“不完整感”。（《荣格自传：梦、记忆、思想》）

日出而作，日落而息，这样的快乐我们再也享受不到了。我们的时间被工作、加班、应酬等概念划分得七零八落，支离破碎。我们每天匆匆忙忙地奔走在进步的道路上，唯恐落后一步。在这个标榜速度就是生命的时代，谁又能来为我们生命中遗失的快乐负责呢？

中国哲学家的智慧

中国哲学家不是傻子。我们认为古人很傻，但是实际上他们跟我们一样聪明。他们是非常智慧的人，而心理学从古代文明中有学不完的东西，特别是在印度和中国那里。……东方人把他们的思考和价值建立在另外一种原则之上，对这种原则我们甚至没有词语能够表达。东方人很自然地有一个词来表达它，但是我们不能理解。这个东方人的词语就叫作“道”。东方智慧在看待事实的集合体时，是把这个集合体原封不动地接受下来的，但是西方智慧则会把它划分成各种实体和各个部分。例如，你看到在这里集会的人，就会说：“他们从哪里来的呢？他们为什么要聚集在一起呢？”东方智慧对此则完全不感兴趣。它会说：“这些人在一起意味着什么呢？”对西方智慧来说这根本就不是一个问题。你们感兴趣是你在这里是为了什么，你在这里干什么。东方智慧则不是这样，它感兴趣的是“在一起”。这就像是：你正站在海滩上，波浪冲上来一顶旧帽子、一个旧盒子、一只鞋子和一条死鱼：它们都躺在岸边。你说：

“纯属巧合，毫无意义！”中国人的智慧则会问：“这些东西在一起意味着什么呢？”中国人的智慧体察了在一起和在正确的时间相遇。并且它有一种西方人不知道的实验方法，在东方哲学中发挥着巨大作用。它是一种预测可能性的方法。（《象征生活·分析心理学的理论与实践》）

我们的祖先拥有如此让世人称道的智慧，作为他们的后人，我们应该感到自豪，更应当学会珍惜。

人生的战场

令人悲哀的真相是，人的真实生活包含着不可抗拒的对立面——白天与黑夜，幸福与苦难，新生与死亡，善与恶。我们甚至不能确定究竟是哪一方将胜过另一方，是善战胜恶，或是幸福消解痛苦。生活与世界现在是一个战场，过去始终是战场，将来也将一直是战场。如果不是这样的话，生存也就即将走向尽头。正由于这一原因，像基督教这样的优势的宗教期望尽早告别这个世界，佛教则通过舍弃所有的欲望实际上告别了世俗世界。（《象征生活·象征与梦的解析》）

人生就是一场战争，有时幸福多一些，有时苦难占上风。但不论如何，只要心怀希望，乐观面对，苦难中也能发现让人忍俊不禁的小幸福。

人格即是“道”

我们内心隐藏的性情是心理的一部分，中国古典哲学家把这种内在的方式称为“道”，并将它比作流水，朝着自己的目标奔腾而去、无可阻挡。信仰道意味着成功、完善、到达目标、完成使命；同时也意味着，生命开始、结束，以及其意义的完美实现，这是一切生物与生俱来的。人格即是道。（《人格的发展》）

一个人只有遵循自己内心的想法做事才会快乐，生命才会有意义。而这内心的想法就是自己的独立人格和价值取向。随波逐流也许会让选择变得容易，但也会让坚持最初选择的道路异常艰辛。因为你并不快乐。

“道”在人心

道是正确的道路，规律容许的惯例，对立之间的中间路线，从对立中解脱并使对立在其自身中统一。生活的目的就是通过这条中间路线，并且永远不要偏向对立的任何一方。欣喜若狂的极端状态在老子那里是完全没有的，它被一种极端明晰的哲学、一种不被任何神秘性沾染的智慧和直觉智慧所代替。这种智慧洞察出对于精神的优势来说，什么是最容易获得的东西。因此，这种智慧没有无序的因素，因为它的气息就像繁星一样远离尘世的混乱。（《心理类型——个体心理学》）

道易修，不极端，不强求。东方的智慧不是条分缕析的，不在言中，只在心中。

无为而无不为

> 我们的罪、错误和缺陷对我们来说都是必要的，否则我们就会被剥夺最为可贵的发展动因。当一个人听到一些可能会改变他思想的东西之后，不加理睬地走开，那我绝对不会叫他回来。你可能会谴责我不合乎基督教精神，但我不在乎。我站在本性那一边。古老的《易经》中讲道："大师只说一次。"他不会去追着别人，因为那不好。愿意听的人会理解的，不愿意听的人不会去听。（《象征生活·分析心理学的理论与实践》）

道家的基本思想是"无为而无不为"，强调遵循规律，顺其自然。"无为"不是什么也不做，而是要学会听从自己的内心，尊重别人的感受，敬畏自然的规律，不要强求。

武力不会让人屈服

还有一件事我们也没有意识到：我们用技术优势把东方的物质世界搅得天翻地覆，但与此同时，东方也在以其优越的心理成就让我们的精神世界陷入混乱之中。我们根本不会想到，当我们在外部世界压倒东方的同时，东方竟然有可能在内心世界紧紧地控制我们。（《文明的变迁》）

“以力服人者，非心服也，力不赡也；以德服人者，中心悦而诚服也。”（《孟子·公孙丑上》）武力从不会让人真正低头，精神的征服才可以。

物极必反

我们对东方的认识不够正确。东方有个幽默的问题：什么样的人得救较迟？是爱神的人呢，还是恨神的人？我们自然以为是恨神的人得救较迟；但印度人说，爱神的人需要七年才能得救，而恨神的人只需要三年。因为恨神的人想到神的时间更多。真是玄奥至极！（《文明的变迁》）

最了解你的人不是你的朋友，而是你的敌人；最危险的敌人不是你的对手，而是你的朋友。这是东方人脑筋急转弯式的妙语。要毁掉一个人，就要溺爱他而不加拘束；要成就一个人，就要苦其心志，劳其筋骨。“物极必反”的真理，是生活教给人的智慧。

东西方解决烦恼的不同方式

瑜伽行者对于“烦恼”的世界虽然非常熟悉，可是他们的宗教带着“自然”的性格，因此，对我们西方人面临“烦恼”时常有“道德上的冲突”一事，可以说完全陌生。伦理上的两难窘局，使得我们自身与我们阴影的部分分离开来。印度的精神是从自然处生长起来的，相形之下，西方的精神却与自然对立。（《荣格说潜意识与生存》）

西方人的烦恼来自道德上的冲突，东方人的烦恼来自内心。因此，为了摆脱烦恼，西方人信仰宗教，在神的指引下寻找道德的标杆；东方人则需要静心冥想，在自己的内心中探寻答案。

东西方思考事物的不同态度

正如我在《易经》里看到的，中国人的心灵似乎完全被事件的概率层面吸引住了，我们认为巧合的，却似乎成了这种特殊心灵的主要关怀。而我们所推崇的因果律，几乎完全受到漠视。我们必须承认，概率是非常重要的，人类花费了无数的精力，竭力要控制或消除概率所带来的祸害。然而，和概率实际的效果相比，从理论上所得的因果关系顿时显得软弱无力，贱如尘土。……《易经》对待自然的态度，似乎很不以我们的因果程序为然。在古代中国人的眼中，实际观察到的情境，是概率的撞击，而非因果链交会所产生的明确效果——他们的兴趣似乎集中于观察时概率事件所形成的缘由，而非巧合时所需的假设的理由。西方人正小心翼翼地过滤、比较、选择、分类、隔离时，中国人情境的图像却包容一切到最精致、超感觉的微细部分。因为所有这些成分都会聚在一起，成为观察时的情景。（《荣格说潜意识与生存》）

西方人热衷探究事物之间的客观联系，中国人喜欢琢磨其中的情感暗流。这种思考事物的特殊方式，造就了中国人包容、圆润、随性的处世态度。哪种思考事物的方式更好？恐怕没有正确答案，选择自在人心。

善与恶的哲学

我印象特别深刻的是，在印度精神中所包含的恶与善一样多。基督教徒竭力追求善，却最终沉溺于恶；而印度人则相反，他们超越了善与恶，或者通过冥想或瑜伽寻求这种超脱的状态。但对此我有不同的见解：如果承认这种超脱的状态，那无论是善还是恶均不存在自身的界限，这必然引起某种停滞。人们不相信有真正的恶，也不相信有真正的善。善恶有可能被视作我的善或者我的恶，是我觉得的善或者恶。人们可以以悖论的方式认为，印度精神既缺乏善也缺乏恶，或者说，其承担了过多的矛盾，因而需要超脱，需要从矛盾及万物中解脱出来。（《荣格自传：梦、记忆、思想》）

善恶存于内心，其差别本就在一念之间。基督教强调“原罪”，于是执着于用现世的“善”为自己洗脱罪名；佛教强调“来生”，于是规劝人们远离今生的“恶”，换一个美好的“来世”。西方把善的标准写在纸上，有据可依；东方则把善的选择交给大众，参悟自在人心。

何妨吟啸且徐行

我们的态度必须和山松一样，当它的生长受到石块的阻碍时，并不因此而发火或不去想办法克服这困难，而只是感到自己该多长向左边或右边，向斜坡或离开它。像那棵树一样，我们应该让步给这几乎是无法感知，但有强而有力支配权的冲动——这冲动来自对独特、有创造力的“自己完成”的刺激。在这过程中，我们必须三番两次地设法求得和找寻一些谁也不晓得的东西，而那些指导的线索或刺激，并非源自自我，而是心灵的全体——自己。（《荣格说潜意识与生存》）

我们总是怀揣着各种梦想在生活，但在奔向梦想的路上必然会遇到各种艰难险阻。不要急躁，无需烦恼。正如饱尝官场冷暖的苏轼所言：“莫听穿林打叶声，何妨吟啸且徐行。”当一切都成为过往的时候，“回首向来萧瑟处，归去，也无风雨也无晴”。

中国人的“超脱”

东方人提倡“超脱”（摆脱这两者），这我当然是记得的。心灵的钟摆在理智和非理智之间来回摆动，而不是在正确与不正确间摇摆。神秘的危险在于把人引向极端，这样就把一种适度的真理看作就是真理，而一个微小过失被视为致命大错。世事都会改变，昨天的真理在今天可能就是一种欺骗，而前天的错误结论明天可能成为启示物，我们对其真实性尚知之甚少的心理上的东西更是如此。长久以来，我们一直不甚明白这到底意味着什么，即如果我们不能稍微哪怕是短暂地意识到它，那它根本就是不存在的。（《荣格自传：梦、记忆、思想》）

正确在一定的时候会转化为不正确，真理在有些时候可能成为谬误。中国人在心理上早早地就接受了这变化的法则，所以能够做到不执着于别人的错误，超脱于一切的对错。但随之导致的原则性的缺失又该怎么办呢？

东方人的智慧

其实，阴暗是光明的一部分，正如恶与善之间的关系，而且其逆亦真。因此，我愿不顾众人的惊愕，毫不迟疑地揭露我们西方思想的错误和渺小；我非常欣慰而且欢迎它的出现，视之为具有无比贡献的东西。从历史中我们常看到，事理的正确性往往便是由于诸如此类的现象所造成的。它逼迫我们去接受如爱因斯坦在现代数学物理方面所说明的哲学相对论，而这便是一项东方人的真理，我们根本没预料到它会对我们产生这么深远的影响。（《寻求灵魂的现代人》）

“有无相生，难易相成，长短相形，高下相盈，音声相和，前后相随，恒也。”老子的恒久之道使我们乐观地接受生活的磨难。

佛祖与酒肉

释迦牟尼无疑洞悉并理解了人类意识存在中自宇宙起源就具备的尊严。因此，他清晰地看到，若是人一旦将意识存在的光芒熄灭，则世界将陷入虚无。（《荣格自传：梦、记忆、思想》）

“酒肉穿肠过，佛祖心头坐。”意思是说一个人的根本在其内心。酒肉不过是外部世界的可湮灭之物，而内心才是人类世界的支柱。所以，若无内心的光芒，一切外在，包括物质享受也不过是虚无。

自性的体现

基督与释迦牟尼一样，也是自性的体现，但含义不同。两者都是世界的征服者：释迦牟尼是出于理性的顿悟，而基督则是命中注定要成为牺牲者。在基督教中，遭遇的磨难更多，而在佛教中则更多的是所见所为。（《荣格自传：梦、记忆、思想》）

人类的自性是指人的心性以及人的本性。真正的自性是统一的、稳定的、协调的。一切人格的最终目标就是自性的完美体现和充分发挥。基督和佛祖是完成了这一最终目标的先行者，不过两者的殊途，使得他们教导人类如何达到自性的途径也有所不同。

西方的动和东方的静

西方人对神话的需求要求一个进化的世界观，有开端、有目的。他们摒弃了这样一个有始有终且毫不掩饰结局的世界观，以及静态的、自我封闭和永恒的循环观点。反之，东方人似乎能接纳后一种观念。显然，对世界本质的看法没有达成统一，迄今为止，天文学家也同样未能就此取得一致意见。对西方人来说，仅仅是静态世界的无意义就让人难以忍受，他们一定要假定这个世界是有意义的。东方人则不做这种假定，而是自己去体现它。当西方人想要完善世界的意义时，东方人则力求在人身上实现这种意义，把世界和存在从自身中剥离。（《荣格自传：梦、记忆、思想》）

西方和东方，一动一静，虽没有谁是谁非，但若能尝试更多的彼此了解和学习，岂不更好？

不要急着批评

《易经》历史悠远，源自中国，不能因为它的语言古老、繁复且多华丽之辞，就认定它是不正常的。恰恰相反，我应该向这位虚拟的人物道谢，因为他洞穿了我内心隐藏的疑惑不安。（《荣格说潜意识与生存》）

《易经》虽语言古老、辞藻华丽，但是有洞察人心的力量。我们在面对任何人和物的时候，都不应该提前给他们贴上标签，也不应该仅凭表象甚至是道听途说，就急着下评语。

真正“走进”，真正用自己的内心和经验去感受，才有资格做出评论。

事之两端并非直线

当然，无可置疑的，要从阴暗面去解释明亮面，并且因此视其来源为非常可怕的肮脏东西的做法是令人难以忍受的。可是，我倒觉得，这便是人类美中不足的地方，而且也是人的弱点所在，要是说从阴暗面去解释的方法会产生一种不良影响的话。我们之所以恐惧弗洛伊德的解释法，乃是因为我们本身所具有的野蛮性与孩子气，认为只有高山没有深水，这才使得我们蒙蔽了真理，不知道这是否便是神秘主义所谓事之两端并非一直线，而如一圆弧，终必相遇的真理。故极左与极右两者的行径如出一辙！一事之两极端常是相同的。我们有个错误的观念，认为一旦从阴暗面去解释的话，那么明亮的一面已不复存在！（《寻求灵魂的现代人》）

“曲则全，枉则直，洼则盈，敝则新，少则得，多则惑。”（春秋·老子《道德经》）事物并非直线，有其相反的两端。而是如老子所说，极端的终点其实是另一个起点。凡事不必都从阴暗的视角去审视，抬头看看乌云满布的天空，想象在你视力不及之处，会是阳光灿烂的晴空。

珍爱动物是为了人类自己

从其本质而言，即在人的意识世界中，人甚至还能毁灭这一被造物主创造出来的世界。当今人类能用放射性武器来杀死地球上任何一种高级的生命。世界毁灭的念头最早由佛祖提到过：通过大觉大悟，那条轮回的链条，即导致不可避免的衰老、疾病和死亡的因果关系，可以被打破，这样，便不会再有存在的幻想了。（《荣格自传：梦、记忆、思想》）

人类也是动物大家庭中的一员。请珍爱动物，保持对生命的尊重、对生灵的敬畏吧。因为如果人心中没有了对生命的敬畏，那么，今天对准的动物的屠刀，明天就可能对准人类。

魔鬼都在赶路

> 通过采用新的方法或技巧来促进的改革，虽然一开始能令人耳目一新，但随着时间的推进，人们的怀疑渐增，并且代价极其昂贵。无论如何，这些改革不能从根本上提高人们的愉悦感、满足感或者幸福感。大多数时候这些改革是无效的，它只是美化了我们的存在而已，比如高速通信令人不快地加速了生活的节奏，但令我们感到时间比过去更少了。正如古时的大师所说，“所有魔鬼都在匆忙赶路”。（《荣格自传：梦、记忆、思想》）

在这个物欲横流的社会，每个人都在为心中既定的目标而狂奔，忙得忘了停下来陪陪家人，静下来慰劳一下自己，安下心去感受生活中已有的美好。

所以，到头来，后悔总是比收获多得多。

知足方能常乐

没有谁对永不满足有过一丝一毫的怀疑，反而认为这是他合法的权利。他从来没有想过：这种世俗的精神食粮如片面发展的话，及乎极致，必然会严重扰乱均衡。这就是西方人之病，他们贪婪攫取，冒进不已，除非全世界皆已受其贪欲波及，否则，他们是不会停下来休息的。（《荣格说潜意识与生存》）

我们常羡慕动物生活的无忧无虑，忧愁于人类生活的巨大压力。那是因为“动物如果需要某样东西，它知道自己需要的程度和数量，而人类则不然”（德谟克利特语）。

高处不胜寒

一天，一个在社会上很有地位的人来请教我。他有焦虑和不安的感觉。他向我诉苦说，有时候头一晕就会作呕，常觉头重，呼吸困难——这些正是“高山病”的病征。他的事业非常成功，由于心怀大志，再加上他的努力与才华，所以他已从一位贫穷的农夫之子一跃而为成功的企业家了。他更一步一步地往上爬，最后到了一个可使他再往上进的地位。当他确已爬到一个可跻身上流社会的地步时，他突然患了神经症。当他口述至此时，已无法不说出一般我们常听到的话：“就在这个时候，当我……”他患有“高山病”的病征正和他所处的特殊地位不谋而合。（《寻求灵魂的现代人》）

人往高处走，水往低处流。位高权重，是许多人一辈子的奢望。但高处不胜寒，更高的地位也意味着更大的责任和压力。平平淡淡也是一种难得的幸福。

养心莫善于寡欲

我们如能生活在装备齐全、卫生设施良好的房子里，无疑会非常愉快。但这依然没有解决如下的问题：房子居住者到底是“谁”？也没有回答：他的灵魂是否也享受到同样的秩序井然，清净不染，一如他的房子对他的外在生活所展示的一样？性格完全外向的人永远不会满足所谓的基本需求，他永远会不断追求更多更好的东西，但由于他的成见使然，他所追求的这些东西永远是在他之外。他忽略了：纵使他的生活表面上看来很成功，而内心却依然不变。因此，假如他拥有一辆车子，而多数人却有两辆，他就会因财力上不如别人而懊悔莫名。（《荣格说潜意识与生存》）

适度的欲望确实是激发我们努力的动力，促使我们得到欢乐和幸福。但过度的欲望则会让我们失去理智，最终招来灾难。所以，孟子规劝人们要减少欲望，不要忘记最初对美好生活最朴素本真的想象：“养心莫善于寡欲。其为人也寡欲，虽有不存焉者，寡矣；其为人也多欲，虽有存焉者，寡矣。”（《孟子》）

无限放大的不信任

原始人不信任邻近的部落。由于我们的全球化，我们以为自己早已不再如此了。但是在这场战争中，这种不信任又卷土重来，而且还膨胀到无以复加的程度。这已经不是把邻村烧光的事，也不是砍几颗人头的事了：现在一个个国家沦为焦土，数百万人惨遭屠杀。敌国的体面荡然无存，我们自己的过错出现在他人身上，而且还被无限放大。今天，具有反省能力的高尚心灵何处可寻？（《文明的变迁》）

原始人的不信任来自地理上的距离，现代人的不信任来自心理上的隔阂。我们总觉得这是别人的错，从不愿承认自己对别人的苛刻和冷漠。若能做到“以克人之心克己，以容己之心容人”（《论语·颜渊》），也许人心就能更近一些，世界就能更暖一些。

为人类的成就羞愧

我们爬上科技事业的山峦越高，我们越可能误用发明，也越可能趋向危险邪恶。试想人类精神的胜利有多伟大。我们已有能力在高空飞翔，千百年来人类朝思暮想的美梦终于成真。但我们也应当试想现代战争中落弹如雨、轰炸不停的景象，难道这就是所谓的文明！这样的现象无疑更展现了一项无法否认的事实，即当我们的心灵高升，征服长空之际，我们的另外一个人格，也就是被压抑的蛮性个体却已直坠地狱。千真万确，我们的文明可以以其成就感到自豪，但我们也应当为自己感到羞愧！（《荣格说潜意识与生存》）

人类文明不仅包括物质文明，而且包括精神文明。即使科技飞速发展，但如果人类的心灵和精神停滞不前，仍然热衷于尔虞我诈、自相残杀的游戏的话，那么人类应该为自己的所作所为羞愧不已。

物质丰足治不好精神的病

我们是如此习惯于我们关于世界面貌的理性描述，以至于不能想象在常识范围内会有任何不合宜的事情发生。如果一旦某个时候我们的心灵发生了某种完全意想不到的事情，我们便大为惊骇，立即以为这肯定是病理学意义上的失调。而面对同样的情况，原始人则会想到图腾、灵魂或神灵，且绝不会对自己心智的健全性有任何怀疑。现代人的境况非常像那位自身就是精神病患者的老医生。（《象征生活·象征与梦的解析》）

不要为自己是现代人而骄傲，自以为现代的文明使我们的生活远远优越于原始的先民。自负的现代人无法用物质填满精神的空虚，只有尊重和延续先祖的精神和智慧，才能医治好自己的精神贫瘠。

仍旧如此野蛮

事实上，我们仍然是如此无教养，以至于我们确实需要法令、导师和天上的父亲告诉我们什么是善，什么是正义的事情。因为我们仍然是如此的野蛮，以至于对人类本性的法令和人类道路的信仰表现为危险的、非伦理的自然主义。为什么是这样？因为在野蛮人的文化表皮下，野兽已经潜伏好了，这充分证明了他的恐惧。但是，囚笼中的野兽并没有被征服。没有自由就没有道德。当野蛮人松开动物时，它并没有自由，还是被绑的。在赢得自由之前，必须首先消除野蛮主义。从理论上讲，只当个体认识到并感觉到作为其本性的内在成分的道德的根和动力，而非外在的强制时，这种情况才发生。（《心理类型——个体心理学》）

在这个自诩文明的社会，打开电视、电脑，翻开报纸，有太多的事情让我们不禁惊呼“人类仍然如此野蛮”。这是因为，我们的内心已经被物质、金钱和欲望塞得满满的，我们从来都没有从内心真真正正地向往过“善”。在当今社会，善良似乎只意味着软弱，意味着人们可以踩着它，向上爬。

第四章

自我与他人

有人说世界上最难的事是认识自己，其次才是认识他人。

一个人的内心想法是随着生活境遇不断变化的，而且“人心隔肚皮”，我们无法直观地观察一个人的心理活动，更多的只是推测。

虽然认识自我和认识他人都不是容易的事情，但也不能绕道而行。因为在日常生活中，我们需要不断地和他人打交道；在面临选择时，我们需要一次又一次地拷问自己的内心。所谓“知人者智，自知者明。胜人者有力，自胜者强”（春秋·老子《道德经》）。只有认清自我和他人，我们的生活才能更顺心，事业才能更接近成功。

那么，面对复杂多变的人类心理，我们应该如何开始认识自我和他人的第一步呢？荣格将融合东西方经典的共同智慧，带领我们走上重新认识自我和他人的神奇旅程。

贵有自知之明

《易经》彻底主张自知，而达到此自知的方法却很可能被百般误用，所以对于个性浮躁、不够成熟的人士，《易经》并不适合他们使用，知识主义者与理性主义者也不适宜。只有深思熟虑的人士适合使用，他们喜欢思考他们所做的以及发生在他们身上的事。这样的倾向不能和忧郁症的胡思乱想混淆在一起。我在上面就提过，当我们想调和《易经》的占卜与我们所接受的科学信条时，会产生很多的问题，我对此现象并没有解答。但毋庸多言的是，这一点都不怪异。我在这些事情上的立场是实用主义的。（《荣格说潜意识与生存》）

“知人者智，自知者明”是道家无为中的坚持，“吾日三省吾身”是儒家严于律己的明证。“自知者不怨人……失之己，反之人，岂不迂乎哉？”（《荀子·荣辱》）一切的幸与不幸都能在“自省”和“自知”中找到答案。

认识自我不容易

意识的发展经历了漫长而艰难的过程，历经无数的年代才达到文明的状态（从文字的发明算起，时间大约是公元前 4000 年）。虽然自从那个时代以来人类意识的整个发展演进过程似乎已相当久远，但依然远未完成。人类心灵的无限广阔的领域依然处于未知的黑暗之中。我们称为“精神”的东西决不只等于意识及其内容。……我们的精神是自然的一个组成部分，这个谜有着无穷的意蕴。我们不能确切定义“自然”或“精神”，在目前情况下，只能陈述我们将它们理解为何物。（《象征生活·象征与梦的解析》）

什么是自我呢？自我就是一种复合体，首先它由你对你的身体、你的存在的一般性知觉构成，其次由你的记忆所构成。你具有已然如此的某种观念和一长串的记忆，这两点就是被我们称为意识者的主要构成。因此，你可以把自我称为心理事实的一种复合。这种复合具有一种强大的吸引力，如同磁体一般。它既从潜意识中、从我们未知的黑暗领域中吸纳内容，又能从外部世界中吸取印象。当它们进入同自我的联系时，就是有意识的。反之，则不是。我认为自我就是一种复合。当然，它是我们所怀有的最亲近的一种复合。它总是我们注意和欲望的中心。（《象征生活·分析心理学的理论与实践》）

“自我”是和自己相关的很多信息的复杂集合，要从中提取出有助于认识自己的信息并不容易。并且，这些信息是我们再熟悉不过的东西了，反而不会去认真思考。“复杂”加上“轻视”，认识自我就成了一件并不容易的事情。

如何认识自己

每个具有一定自我意识的人都自以为了解自己，但自我了解的只是它本身，而不是潜意识及其内涵。人们衡量自我意识的方法就是看其社会环境中一般人如何看待自己，而不是看大部分都隐藏不见的真正的心理事实，从这方面来说，心理跟躯体一样，一般人对其生理结构和解剖结构都是知之甚少。尽管人们生活在其中，与之朝夕相伴，但一般人对它基本上都是茫然不知。（《文明的变迁》）

人生最难的事就是认识自己。因为我们每天走过相同的街道，做着类似的事情，碰见熟悉的人，总觉得对自己已经再熟悉不过了，没有什么事情能激发我们对自己的新思考。所以说“一个人怎样才能认识自己呢？绝不是通过思考，而是通过实践”（歌德语）。去尝试从未做过的事，去结识从未遇到的人，才能认识不一样的自己。

认识他人的第一步

在经验的领域，精神对自身的领悟和观察是最为短视的。不论观察自己还是观察邻居，可以发现，在这一特殊领域内偏见、曲解、价值判断、特异个性和投射的自我得到最为轻率大胆、厚颜无耻的展示。（《人格的发展》）

不论是认识自我，还是观察别人，我们的主观情绪都在起着重要的作用。所以，我们更多地看到别人的缺点，醉心于自己的长处。

因此，认识自我和他人的第一步就是学会放空我们的心灵。

盖棺未必可以定论

用历史的观点来评价一个在世的人总是一件棘手而危险的事。但是如果这个人的毕生事业和思想体系像弗洛伊德那样形成了一个独立的整体，那么至少衡量他的重要性以及历史对他影响的程度还是有可能的。（《人、艺术与文学中的精神·历史背景中的西格蒙德·弗洛伊德》）

常言道“盖棺定论”，其实“盖棺”也未必就能“定论”。“没有调查就没有发言权。”我们不是我们的评价对象，不可能做到绝对的了解，因而做出的评价也就难免有失偏颇。一代女皇武则天选择留下一个“无字碑”，让后人评说。当事人都说不清楚的事，我们又如何能做到真正客观公允地评价呢？一切还是交给漫长的时间和厚重的历史来评判吧。

什么才是“真金”

所有那些闪光的东西并不都是金子……金子只有投入火中才能证明其价值。（《人、艺术与文学中的精神 ·纪念西格蒙德·弗洛伊德》）

人们通常会被一些外表看起来充满魅力的事物吸引，认为那就是有价值的东西，是值得自己穷尽一生去追求的。但要记住不是所有闪光的东西都是金子。在为一个目标开始奔走之前，在为某些东西而不假思索地舍弃曾经拥有的人和物之前，先在生活的磨砺中分辨出什么才是最值得珍惜的“真金”，这才是最重要的。

授人以鱼，不如授人以渔

通过把或大或小的救济品塞进乞丐的手里，并不能使乞丐得到帮助，尽管这也许正是他所需要的。如果我们能够告诉他怎样通过工作永远摆脱乞丐生涯的话，他就会得到更大的帮助。（《人、艺术与文学中的精神·纪念卫礼贤》）

当他人需要帮助的时候，我们应该毫不犹豫地伸出援助之手，但必须清楚什么才是真正的帮助。“授人以鱼，不如授人以渔。”一条鱼能解一时之饥，却不能满足长久之需。“授人以鱼”实质上是害人的“溺爱”，“授人以渔”才是真正的帮助和仁慈。

寻找自己的闪光点

在某一方面具有特殊能力的人要付出更多的精力，而且他一定在生活中的另一个方面存在不足。（《人、艺术与文学中的精神 · 心理学与文学》）

有些人总是羡慕别人的能力，对自己妄自菲薄；总是嫉妒别人取得的成果，对自己的失败怨天尤人。其实，我们无须盲目地羡慕他人的能力，认为自己一无是处，而应该以辩证的眼光去认识自我和他人。没有人十全十美，也没有人一无是处。与其浪费时间在羡慕别人和怨天尤人上，不如在更多的尝试和更大的努力中，寻找自己的闪光点。

了解这个世界

感觉告诉我们某一事物的存在，思考告诉我们它是什么，情感告诉我们它对我们的价值是什么。那么，还会有什么呢？一个人会认为，当他知道了有某些东西存在，它是什么，以及它的价值是什么的时候，他就有了一幅完整的世界图景。但是还有另外一个范畴，那便是时间。事物都有过去和未来。它们来而复逝，你却不知道它们来自哪里，去向何方。（《象征生活·分析心理学的理论与实践》）

感觉（或感官的知觉）告诉你某物存在；思维告诉你它是什么；情感告诉你它究竟是令人愉悦还是令人厌恶的；而直觉则告诉你它来自何处，又将去向何方。（《象征生活·象征与梦的解析》）

就像人永远不能完全认识自己一样，人也永远无法看清这个世界。但我们不能因为无法看清，就放弃去了解。我们可以运用自己的感觉、思维、情感和直觉来了解这个世界，了解自己。这样，人生的道路才会走得更稳、更远。

不必追求尽善尽美

每个人都有自己的偏好。具有良好心智的人，乐于思考并适于思考；具有良好情感机能的人，是优秀的社交者，具有出色的价值感，在创造情感氛围方面，他们是真正的艺术家，并且生活在情感氛围里；具有敏锐的现实观察能力的人，主要运用他的感觉。（《象征生活·分析心理学的理论与实践》）

每个人的心理机能都有优势的一面，也有劣势的一面。聪明人善于发挥自己的优势而不强求尽善尽美。所谓的成功人士和生活艺术家，都是能把自身的某一方面优势发挥到极致的人。

以人为镜，可以明得失

> 实际上，它们运作起来就好像并不是存在于你自身之中一样——你会在你的邻居，而不是在你自己的身上看到它们。……人们在他们的邻居身上能够看到他们在自己身上看不到的东西。（《象征生活·分析心理学的理论与实践》）

“君子不镜于水而镜于人。镜于水，见面之容；镜于人，则知吉与凶。”（战国·墨子《墨子》）然后方能“见贤思齐焉，见不贤而内自省也”（《论语》）。他人，是我们认识自己最好的镜子和老师。

生命的最佳状态

没有比和自然法则和谐相处更高的道德准则了。生命的最佳状态是不会与残酷的利己主义相协调的，因为当人们给他的邻居带来幸福时，就会认识到一种绝对重要的意义，人们在利己主义中是不会赢得生命的最佳状态的。肆无忌惮地追求个人的卓越同样也不会赢得生活的最佳状态，因为集体的因素是如此有力地根植于人们的头脑，以至于他对友情的渴望能摧毁所有赤裸裸的利己主义的快乐。（《心理类型——个体心理学》）

生命的自然法则要求所有生命都彼此相关。孤立于他人或脱离自然生活状态的人是注定不会快乐的。因为为自己牟私利和为所谓的“成功”闷头工作已经够他们忙的了。

成功的路要靠自己走

在每个人身上都存在着一个意志，它会帮助你选择那些对它有益的东西。当我在治疗一个人时，我一定会尽力不用我自己的观点和人格去驳斥他。因为他在生活中不得不自己去战斗。他一定要相信他自己的或许不坚固的盔甲，相信他自己的或许并不完美的目标。如果我说“这个不好，应当改进”，那我就使他丧失了勇气。他必须要用可能并不好的犁去开垦他自己的土地。我的可能更好些，但对他又有什么用呢？他得不到我的犁，也借不走它。他必须使用自己的或许并不完美的工具，必须凭借他自己的遗传能力。（《象征生活·分析心理学的理论与实践》）

成功究竟可不可以复制呢？事业成功者身上必然有一些共性，比如坚忍不拔的毅力、顽强奋斗的精神等，固然值得我们学习；但并不是他们的每一步选择、每一种行动都值得我们亦步亦趋。毕竟那是别人的选择，而我们自己的成功之路，需要我们自己一步一个脚印地走。

他人身上的自我投射

一个人的潜意识会在另一个人的身上投射，因此前者会基于自己所忽略的东西而指责后者。这条原则放诸四海而皆准。因此，一个人在抨击他人之前，最好是先坐下来，仔细想想这块石头是不是应该先扔到自己头上。（《文明的变迁》）

人们认识自己和他人时，往往有这样两种态度：一种是看到他人的优点，从而对自己妄自菲薄；一种是只能看到他人的缺点，进而对自己盲目自信。他人有自己没有的优点，确实值得羡慕和学习；但当看到他人的缺点时，不要忙着抨击，因为这可能正是我们自己的缺点。

先把自己的事整理好

我们常常把外国人视为政治和道德败坏之徒，但现代人已被迫认识到自己在政治和道德上其实根本就无异于他人。我曾经认为自己的天职就是要让别人遵守秩序，但如今我必须承认我应该要求自己遵守秩序，我认识到与其要求别人，不如先把自己的事整理好。（《文明的变迁》）

“一屋不扫何以扫天下。”这虽是一个简单的道理，但很难做到。因为要求别人总是简单的，严于律己则非有坚强的意志力而不可为。

不要把自己的想法强加于人

当看到有人跟我们的信仰不同时，我们马上会有多么生气！当有人厌恶我们的审美观时，我们会觉得受到了侮辱。我们依然迫害着那些跟我们的想法不同的人，我们依然试图想把自己的观点强加于别人，想要让那些没有宗教信仰的人皈依宗教，以把他们从无疑在等待着他们的地狱中解救出来，而且，我们深深地恐惧于只有自己在坚持自己的信仰。（《文明的变迁》）

很多时候，我们之所以倾向于把自己的观点强加给别人，不是因为自信，反而是因为一种不确定，急切地寻求他人对自己的认可。其实，真正的强者从不需要从别人的肯定中寻找安慰。他们尊重别人的选择，更能够坚持自己的坚持。

年轻人和老人

一般来说，年轻人的生命正在扩展，伴随着努力要达到的目标，而他的精神官能症似乎主要在于他犹豫不决，或者裹足不前。年长的人则与此相反，人生处于挛缩的状态，不再坚持要完成什么，不再扩张版图，他的精神官能症是沉湎于年轻的时代，根本是一种不合时宜的保守。如年轻的精神当事人畏惧人生，年老的则惧怕死亡，年轻人认为理所当然的目标，却成为老人的心理障碍。（《分析心理学与梦的诠释》）

一位年轻人的生命特色主要包括一般性的揭开序幕及奋力迈向终站两点，其神经症的来源通常都可归诸他在该过程中的踌躇与退缩两种现象。可是一位上了年纪的人，其生命的特色便是节制其精力，成就亦已成定局，已无法再求上进，其神经症的现象都是由于他仍然妄想坚持那早已过时的年轻时的抱负。年轻的神经症患者惧怕生命，年老者则恐惧死亡。（《寻求灵魂的现代人》）

年轻人难以做到安分踏实，老年人则过于惧怕改变。每个年龄段的人都有其年龄段特有的性格特征，我们无法评判谁对谁错，也无须强求改变，因为这都是生活历练赋予我们的自然性格。坦然接受当下的自己，把一切都交给时间也未尝不好，不是吗？

年轻人应该培养意志力

一位仍无社会适应能力、仍无成就可言的年轻人最好是尽量去发挥他的自我意识——换言之，即以培育其意志为上策。除非他是一位天才，否则他就不该去相信还具有其他任何与其意志不相关的东西。（《寻求灵魂的现代人》）

年轻人刚刚走上社会，最重要的就是要培养坚强的意志力。年轻人有了足够的意志力，面对困难就能坦然自若，面对成绩就能不骄不躁，即使未来充满未知，也能勇敢面对。正如俄国文学家陀思妥耶夫斯基所说的："只要有坚强的意志力，就自然而然地会有能耐、机灵和知识。"

了解自己的命运

了解自己的命运是多么重要。在人生路上，未崩溃之前，我们都徐徐而进，当有不可理喻的事发生时，有一个自我会出现，并忍受这个事实，而它也可以克服这个世界和命运：那么，经历失败的同时，我们也尝到了胜果。没有任何事是动摇不定的——无论里外，因为每一个人，都必须要经得起生命或时间中的各种波涛。但只有不受命运的摆布，我们才能超脱。（《荣格说潜意识与生存》）

人生不到最后的一刻，我们就无法完全知道自己的命运终将如何。但我们可以尝试着了解命运、挑战命运、把握命运。那么，不论命运以何种姿态向我们走来，我们都能泰然处之了。

有光才会有影子

当个体企图了解他的影子时，他开始注意（经常愧于）那些他自己否认而别人却能清楚地看到的性格和冲动——诸如自我吹嘘、精神散漫和漫不经心，不切实际的幻想、腹稿和计划，粗心和懦弱，过度贪爱金钱和占有物。简单来说，他以前已知道所有这些小瑕疵，却安慰自己说："没关系，没人会注意的，反正别人也是这样的。"当你的朋友因你犯错而指责你时，如果你感到愤怒，且控制不了的话，那你一定会发现你没有意识到的部分影子。有人因为你的影子的错而作"不好听"的批评时，你自然会不高兴，但如果你自己的梦——你个人的内在判断——责备你，你还能说什么？那是你的自我被逮到的时候，结果通常是尴尬的静默之后，痛苦而长时间的自我教育开始了。（《荣格说潜意识与生存》）

走在灯下，就一定会有影子投下。我们如果看到了满是错误和缺陷的"影子"，应该感到高兴，因为这证明我们正走向光明。若是为了隐藏这些错误和缺陷而故意选择一条没有灯光的漆黑的道路，我们必将面临更大的灾祸。

个人无法脱离社会

人无法脱离社会、单单作为孤立的个体而存在。一个人生活中所凭依的信条必须是一个普遍接受的信条，否则这个信条就不会具备人作为群体之一员所不可或缺的自然道德。（《文明的变迁》）

群体的认可是人类存在的基本需要。道德是群体的道德，价值是群体的价值，世界是群体的世界，所以，要想融入社会群体，必须具有能为社会群体普遍接受的道德观、价值观和世界观。任何宣称自己有独特的道德标准、价值体系和世界观念的人，都难逃社会的诟病和排斥。

个人心理结构的基础

一个民族的心理结构只不过是比一个个体的心理要更加复杂而已。不仅如此，不是有位诗人曾经说过“灵魂国度”吗？对我来说，没错，从某个方面来说心理并不是个体的，而是来自于国家，来自于集体，甚至来自于全人类。在某个意义上，我们都从属于一个涵盖一切的单一心灵、一个单一的“总体人”，用史威登堡的话来说就是至大之人。（《文明的变迁》）

“至大之人”不是一个单独的人，而是整个民族之魂，是这个民族中每一个人的个人心理结构形成之基。

尊重不同的个体心理

人人心理均等是一种心照不宣的假设，它来源于人对自己的原始潜意识。远古时期没有个人意识，只有集体心理，个人意识逐渐地从集体心理中出现，发展到一个更高的水平。个体意识的存在有一个不可或缺的条件，那就是它必须不同于其他人的意识。我们可以把意识发展过程比喻成一枚火箭，它从黑暗中升起，又消失在五颜六色的群星当中。（《文明的变迁》）

人类的心理发展起源于一个共同的根基，但又会因为个体人生经历的不同而发生改变，从而形成各具特色的心理结构。当我们在社会生活中遇到心理状况和我们不同的人时，请多加理解和尊重，因为他们走过的人生道路和我们的不同，但都一样艰辛。

每个人内心的邪恶

没有人像活在壳里的蜗牛一样生活在自己的心理范畴中，跟别人完全隔离。相反，人们通过潜意识中的人性跟别人息息相关。因此，任何犯罪都不会是像我们意识中所显示的那样：是一件孤立的心理事件。事实上，罪行的发生总是有一个宽广的半径范围。一件罪行所引起的刺激，人们对追查凶犯的浓厚兴趣，跟踪法庭程序的迫切心情，等等，所有这些都证明了罪行对于所有人所产生的兴奋作用，只要这个人不是不正常或太过淡漠，情况都是如此。人人都会参与进来，亲身去感受罪行，试图去了解和解释罪行。罪行所点燃的邪恶之火又点燃某种东西。（《文明的变迁》）

为什么我们对丑闻趋之若鹜？为什么我们对罪行津津乐道？因为每个人的内心都深埋着恶的念头，都试图从具体的罪恶中寻找满足。而这种恶是可以被唤醒的，也是可以被遗忘的。关键在于我们的生活是否被爱包围。

如何才能被爱包围

作为一个社会单元，个体丧失了其个体性，仅仅成为统计机构的一个抽象数字。他扮演的角色只能是一个个可以互换的单元，其重要性几乎可忽略不计。从理性的角度和旁观者的角度来看，个体就是如此。从这个观点出发，继续谈论个体的价值或者意义就显得十分荒谬了。（《文明的变迁》）

在每天的社会生活中，我们都会和很多并不相识的个体相遇。如果我们只把他们看作毫不相干的个体，冷漠以对，又怎能期待我们走进忙碌的医院会有人笑脸相迎，走上摇晃的公交车会有人温暖相扶呢？

请记住，“要尊重每一个人，不论他是何等的卑微与可笑。要记住活在每个人身上的是和你我相同的性灵”（叔本华语）。

只有用爱包围别人，我们才会被爱包围。

民族性和全球化

“民族”（像“国家”一样）是一个人格化的概念，实际上它与个人心理的对应是很微弱的。如果离开个人，民族就没有自己的生命力，因此它本身并不成其为一种目的。民族性只不过是天生的性格特点，可能是一种缺陷，也可能是一种长处，充其量也不过是通向目的的手段而已。（《文明的变迁》）

在走向全球化的今天，一个国家应该如何发挥自身的民族性是一个值得思考的问题。过分强调民族性会独立于世界之外；反之，又极易导致个体和整个民族的迷失。

失去才能看得真切

对于群体的观察一再证实，群体能潜移默化地诱使其成员相互模仿、相互依赖，从而实现了保护他们免于痛苦地直面自我的承诺。但是人们并未意识到，无论如何，他们依然逃不脱命运的摆布——即使不是直接的，也是间接的。这种状态就像有一把保护伞为我们遮蔽了一切，但是它同时也剥夺了令人感到不枉活此生的一切。我们在此无须强调群体生活的社会优势，更不必说社会为个人提供了必要的而且是至关重要的保护，这些都是尽人皆知的事实。但另一方面，却没有人喜欢或敢于长篇大论地谈论群体生活的负面影响，因为这种谈论会勾起令人恐惧的自我认知及个性化问题。（《文明的变迁》）

如果说，最初原始人类采取群居的生活方式是迫于生理、生存的需要；那么如今人类渴望群体生活的温暖，则更多的是出于心理需要。就像“家”一样，儿时拼命想离开，长大了又渴望回来。当初的离开，是为了更好地生活，之后的回归，是为了心灵的宁静。

很多东西都是当我们抽身而出，以旁观者的姿态观察、感受时，才能看得真切。

做好自己最重要

衡量一个群体的精神和道德价值观，要看其个体成员价值观的平均水平。如果他们不具有价值观，那么任何群体的理想都起不了什么作用。因此，群体经验，总是引人回头去探究个体价值观和个体发展的问题。（《文明的变迁》）

一块美玉之所以能成为美玉，是因为它通体没有瑕疵。所以，不要急着去崇拜其他群体或民族的高尚道德和精神，做好自己更重要。因为，你可能就是那处瑕疵。

人不是为社会而活的

人没有社会就无法生存，一如缺了氧气、水、蛋白质、脂肪等，人就活不下去；社会和这些东西一样，也是生存的必要条件。如果说人的生活只是为了能呼吸，这实在可笑，同样，认为人是为社会而活也是荒唐之说。“社会”只是人类团体的共栖概念，一个非生命的母体。自然且唯一的生命母体是个人，整个大自然亦同。“社会”或“国家”是生命母体的积累，同时也是它的组织，重要的生命条件之一。（《分析心理学与梦的诠释》）

一粒种子需要水、空气、适宜的温度和湿度，才能发芽。但是，我们不能就此认定，这粒种子就是为了水、空气、温度和湿度而发芽的。它还有繁育后代的使命和成长为参天大树的梦想。

人也是一样。

你很重要

每一个人在某一层意义上，都代表着整体人类及其历史，人类历史上堪称伟大的，但在一个人的身上可能仅属渺小。整个人类所需求的，可能也是每个个人所需求的。（《分析心理学与梦的诠释》）

面对浩渺的宇宙、悠长的历史，我们很容易觉得自己十分渺小。但如果换一个角度去想，我们会发现，对父母来说，我们就是无可替代的唯一；对孩子来说，我们就是无所不能的超人；对历史来说，我们的需要也曾改变世界。我们很重要。

其实，人生的许多快乐都取决于你愿意怎么看。

人使世界成为客观存在

> 人类在完成创造中是必不可少的，人本身就是世界的创造者，只有人才使世界成为客观存在，否则世界无法被听到、被看到，只能在寂静中吃喝、繁衍、死亡、点头，在非存在的最深沉黑夜中经历亿万年，最终走向尚不确定的终结。只有人类意识才创造了客观存在和意义，并以此找到人类在伟大的存在过程中不可或缺的位置。（《荣格自传：梦、记忆、思想》）

其实人类和这个世界都不是上帝创造的，而是人自己创造了自己。人类意识的觉醒才使客观世界和主观自我的区分成为可能。人类意识是这个客观世界的本源。所以，珍惜自己的意识和心灵吧。

集体的庇护

这种集体同一性是瘸腿人的拐杖、胆怯者的盾牌、堕落者的温床、不负责任者的摇篮，但同样又是穷人和弱者的庇护所、坐船遇难者的避难地、孤儿的家庭养育所、失望的流浪汉和疲惫的朝圣者所渴望的目的地、迷途羔羊们的牧群与羊圈，以及意味着养育和保护人成长的母亲。（《荣格自传：梦、记忆、思想》）

现代社会是一个强调个性的时代。年轻人为了彰显个性，往往热衷于追求服饰和言行举止上的与众不同，以求摆脱集体同一性的制约和阻碍，以为这样就可以走向更为广阔天地。殊不知，把集体的约束作为障碍是不正确的，没有集体同一性的庇护，所谓的个性也将一无是处。

意识有时比无意识更邪恶

弗洛伊德派把无意识完全看成卑下的东西，把原始人看作和野兽差不多的东西。原始人流传下来有关部落中可怕老人等童话故事，以及关于阻止婴孩犯罪的无意识等，都使得大家从无意识中发现了一种危险的怪物，这是很自然的现象。言下之意仿佛是说，所有一切善良的、合乎逻辑的、美好的及值得活下去的东西都是意识国的子民！难道世界大战的恐怖还没真正地掀开我们的眼睛吗？难道我们还看不出人的意识比无意识更恶、与常态相去更远吗？（《寻求灵魂的现代人》）

人类的意识是一把双刃剑，它既可以创造美好，也可以制造邪恶。

人格的完成

我亦无法把根据无意识所提供的材料才能使一个人恢复常态的所有方法，巨细靡遗地搬到你的眼前。其间所产生的沟通作用远比医生所期望的治疗效果来得更大。最后甚至会达成我们的终极目标——也许该目标便是生命的原动力——换言之，即一个人人格的完成。（《寻求灵魂的现代人》）

“分享快乐，快乐就会变成两倍；分担痛苦，痛苦就减少一半。”完善的人格不是靠自我修行得来的，而是在和他人的沟通中慢慢形成的。

第五章

理智与情感

人在一生中，经常会受到一种两难处境的困扰，不是生与死的抉择，而是理智和情感的较量。在很多情况下，我们明白应该用理智来主导自己的行动，但情感早已在不经意间先行。

男女之间的爱情，大概是人类最重要的情感需求了。人们常说恋爱中的人都是傻子。因为在被爱情包围的时候，我们更倾向于感情用事，理智起到的作用微乎其微。人们还说婚姻是爱情的坟墓。因为当激情退去，我们开始用理性的目光审视这段感情，会发现许多的不如意。

那么，我们应该如何把握理智与情感？如何经营爱情和婚姻呢？让我们放下内心的纠结，跟随荣格的脚步重新审视理智与情感之间的关系吧。也许你很快就能在大师的箴言中寻得理智和情感的平衡点，开启生活的新篇章。

重理智，还是重情感？

理智型的人害怕被情感所掌控，因为他的情感有一种古老的特质，在那一点上他就像一个远古人——他是他情绪的无助的牺牲品。正是由于这个原因，原始人特别有礼貌。他们小心翼翼地不去扰乱他们同伴的情感，因为这样做是危险的。我们的很多习俗都能通过这种古老的礼仪来解释。例如，在和别人握手时把左手放在口袋里或者背后，就不合习俗。因为你必须让人看到你的那只手中没有武器。东方人的问候方式是作揖，把手掌伸展向下，就表示“我手中什么都没有”。如果你磕头，就要把你的头朝向别人的脚，让别人看到你绝对没有防御，别人才能完全相信你。（《象征生活·分析心理学的理论与实践》）

重理智，还是重情感？这是一个困扰着很多人的问题。其实，理智与情感之间绝无高低优劣之分，最好的状态是在两者之间寻得平衡。而解决这个问题的关键在于认清自己究竟是个什么样的人。如果你偏理性，那就多尝试让情感先行；如果你偏感性，那就试着“三思而后行”。一切美好都会在理智与情感的平衡中产生。

情感的传染力

情感是有感染力的，因为它们深深地植根于同情的系统之中，“共鸣”一词由此而来。任何一种情感的发作过程立即在别人那里引起类似的反应。当你置身于一个由情感所驱动的人群之中时，你不可能不被那种同样的情感所感染。假设你处于一个其语言你不能理解的国家，某个人开了个玩笑，引起大家哄堂大笑，你也以一种傻乎乎的方式跟着他们发笑，仅仅是因为你忍不住发笑而已。而当你置身于一个政治上狂热的人群之中，你也会禁不住狂热起来，即便你完全不赞同他们的观点时也会如此，因为情感就有这种煽动效果。（《象征生活·分析心理学的理论与实践》）

冷漠的理智是可怕的，炙热的情感有时也是致命的。在群体性的狂热中，我们很容易丧失自己，变成另外一个人。如何在群体中保持“众人皆醉我独醒”，还需要不断地思考和修炼。

世界的四分之一

有很多人相信，世界的各种问题是由思考决定的。但是，离开了全部四种机能中的任何一种，就不可能有真理被确立起来，当你对世界进行了思考之后，你只是认识了它的四分之一，其余的四分之三或许会与你为难。（《象征生活·分析心理学的理论与实践》）

感觉、思考、情感、直觉，人的心理机能缺一不可。人若只剩下冰冷的思考，世界在你的眼里也就只能被了解四分之一。现代社会是个极度重视理性思考的社会，我们只忙着思考眼前的四分之一，而不知道世界还有辽阔的四分之三可以任你翱翔。那里的风景更美，更温暖。

如何面对偶然事件

万事遵循一般法则具有因果关系的理论，只有大约一半的时候能得到印证，其他的时候则是由偶然这个恶魔来支配。偶发性事情当然也有其自然原因，我们往往会郁闷地发现这些原因都相当普通。让我们生气的不是这种因果关系，让人生气的是偶发性事情显然总是不管不顾不时地降临到我们头上。至少这就是让我们感到吃惊的原因，有时候甚至最顽固不化的理性主者也被迫去诅咒它们。（《文明的变迁》）

生活中，我们总会遇到一些“冷不丁”发生的事情，打乱原本平静的生活。或许理性一时无法从逻辑上作出解释，但我们可以试着先从情感上接受。若能做到“得之不喜，失之不忧，宠辱不惊，去留无意”，那就没有什么“偶然”能打扰我们悠然宁静的生活了。

女人感性，男人理性

女性要远比男性“心理化”。男人通常是有了“逻辑”就心满意足了。任何“心理性”“无意识”的东西都让他们反感，他们认为这东西都是不清不楚、模模糊糊、病态的。他们感兴趣的是事物、是事实，而不是萦绕着他们，或是与他们毫不相干的感情和幻想。女性认为，通常来说，了解男性对某个事物的看法要比了解事物本身还要重要。那些在男性眼中没用的东西，在女性眼中统统都是重要的。（《文明的变迁》）

男人和女人往往拥有截然不同的思维模式和交流方法。比如男人更关注你要表达的内容，而女人更注意你的表达方式和态度。

大多数人都明白男女之间的这种差别，却很少有人愿意试着从对方的角度思考问题。而甜蜜爱情和幸福婚姻的秘诀，就在这理解和妥协之中。

一个镜子的两面

众所周知，大自然的赏赐是不会那么慷慨的，她不会既把良心恩赐给我们，又赋予我们高度的智识。一般而言，如果拥有其中一种赏赐，那么就不会拥有另外那种赏赐。如果拥有的某种能力臻于完美的境界，那么这基本上就是以牺牲其他所有能力为代价的。智识跟情感的关系在最好的时候也只能是相互掣肘而已，它们之间的差异构成了人类心灵的历史上最令人痛苦的那一页。（《文明的变迁》）

理智和情感，就像一把双面的镜子，照了这一面，就看不到那一面。重要的不是如何才能同时看到两面，而是明白什么时候用哪一面最合适。

实实在在的生活

我明白，再完美的语言也无法代替生活。如果试图用语言来代替生活，那不仅使语言显得苍白无力，而且让生活失去其丰富多彩。为了能够从各种潜意识条件的压制中解脱出来，不仅需要有高超的智慧，而且不能无视伦理职责，这两者缺一不可。（《荣格自传：梦、记忆、思想》）

所有的语言无法穷尽地描摹美丽的生活，所有的智慧无法完全解释人类的潜意识之谜。不论是情感，还是理智，都离不开实实在在的生活。

在这个世界里找一个支点

我恰恰需要在“这个世界”里找到一个支点，我可以说，这个支点就是我的家庭和职业工作。所以，过一种无拘无束和井井有条的生活，以此与陌生的内心世界保持平衡，对我而言也是至关重要的。家庭和职业一直是我随时可以回归的根基，它们也向我证明，我是一个真实存在的平常人。潜意识中的东西有时会让我失去理智。（《荣格自传：梦、记忆、思想》）

人如浮萍。被抛到这个世界上之后，我们在生活的洪流中漂来荡去，迫切需要一个足以安身立命的支点，而家庭和事业恰好可以让我们的情感和理智找到归宿。

家庭，让我们的情感得以安放；事业，让我们的理智得以发挥。这一切都足以证明我们存在的价值。

忘记，不是解决问题的办法

一个人如果从未经历过情欲的炼狱，他也就永远未曾战胜过它。那么，情欲就寄居于周围的房屋之中，在没有准备的情况下，一场大火可能从那里窜出，并将殃及这个人自己的房屋。只要人们放弃、遗弃或忘记过多的事物，那些被放弃或者被遗弃的事物就有加倍地卷土重来的可能和危险。（《荣格自传：梦、记忆、思想》）

有人说，时间是最好的良药，因为它可以让一切都成为过去。对于曾经的失败或错误，情感希望我们忘记它，而理智则要求我们必须记住。我们可以从情感上忘记当时的痛苦，但必须记住失败赐予的教训和错误揭示的不足。如果连这也忘记了，那当年的失败和错误一定会在不远的未来用更恐怖的方式，强迫你记起曾经忘掉的伤痛。

理性和情感没有绝对的界限

人们迷恋的所谓善，早已失去了其道德特性。不是说它变坏了，而是因为人耽于善会招致恶果。任何形式的执迷或成瘾都将带来弊端，无论是酒精、吗啡还是理想主义。人类不应把事物对立起来。伦理行为的标准已不再是如此简单，即人们必须无条件地服从“善”，而要绝对杜绝所谓恶的东西。通过认识恶是一种现实，人们就知道了善只是与其对立的那一半而已。恶，同样如此。现在，两者共同构成了矛盾的整体。实际上，善与恶已经失去了其绝对性的特征，我们不得不意识到，它们均只是一种判断而已。（《荣格自传：梦、记忆、思想》）

就像善与恶没有绝对的界限一样，情感和理性也没有绝对的界限。但可以肯定的是，绝对的情感追求会让人变得毫无原则，绝对的理性思考会让人变得没有人情味儿。任何事情都不能走向极端。

生活的意义在哪里

我们所投生的世界是野蛮的、残忍的，但同时它也充满了神圣的美感。哪一方占优势，是无意义还是有意义，被认为是突发性的。当无意义占据了绝对优势时，那生活的意义会随着我们每一次进步而越来越多地消失。但情形并非如此，或者在我看来不是。可能就像面对所有形而上学的问题时一样，这两者可能都是正确的：生活是既有意义又没有意义。我忧心忡忡地期望，有意义将占据上风，赢得这场争斗。（《荣格自传：梦、记忆、思想》）

生活既有趣又无聊，既美好又残酷，既有意义又没有意义。它就像世界上所有的其他东西一样，具有完全相反的两面性。而你能看到哪一面，全由你的内心决定。

生活的意义，自在心中。

爱，是个复杂的东西

不管在哪个年纪，爱情始终是个问题。童年时期，父母的爱情是个问题；对老年人而言，问题成了他们是如何理解自己的爱情的。爱是命运的力量，可以横扫天堂和地狱。我认为，如果要对爱所涉及的问题有所了解的话，我们必须以这种方式来理解爱是什么。爱情所涉及的问题范围既非常广泛，程度又十分复杂，根本就不限于某个特定领域，而是涵盖了人类生活的各个方面。爱可以说是一个道德、社会、心理学、哲学、美学、宗教、医学、法律或者生理学问题，但这些还仅仅是涉及这个多面现象的几个方面而已。爱侵入到生活中所有的集体领域。但是，爱同时也是一个极端个人的问题，跟这一事实相比，前面所说的还只不过是一个小小的难题而已。（《文明的变迁》）

爱，是个复杂的东西，但我们不应该因此而拒绝学习如何去爱。如果你现在正因为爱而苦恼，那说明你心中有对爱的美好向往，并且曾经或即将被爱包围。

爱和理性无关

我们看见了对邻人的爱，这既符合基督教又符合佛教的悲悯心，还有社会服务中所表现的对人类的爱。接下来就是对国家的爱、对诸如教会之类的理想机构的爱。然后是父母之爱，尤其是母爱，再接下来是对子女的爱。谈到夫妻之爱，我们就离开了精神的范畴，进入一个介于精神和本能之间的中间领域。在这个领域里，纯洁的爱神会点燃性欲，而爱的理想形式——对父母的爱、对国家的爱、对邻人的爱——就会与对个人权力的欲望和对占有和统治的渴求交织起来。这并不是说只要与本能相关就会有损于爱的价值。恰恰相反，爱吸收到自身的本能越多，爱的美、真和力量就越完美。（《文明的变迁》）

爱有很多种，但每一种似乎都和理性无关。因为理性驱使下的思考很少允许我们做有损自身利益的事情，而出于爱，我们却常常这么做，只是为了让我们爱的人比我们更快乐。

爱情需要严肃对待

通常是具有沉重背景的婚姻问题也成了浪漫文学的一个主题。过去的爱情故事总是以幸福的婚姻或婚礼为结尾，而现代小说往往以婚姻为开端。在这些人手一本的小说中，最为私密的问题不会遭到令人痛苦的沉默对待。至于那些不加掩饰的色情作品的泛滥，就更不值一提了。（《文明的变迁》）

当爱情借助各种艺术形式展示出来的时候，它的意义在于让观者从别人的故事中发现自身的问题，进而引发严肃和认真的思考。但当各种艺术形式越来越娱乐化的时候，不仅其引发思考的作用越来越弱，可能还会反过来使人们用越发不认真的态度对待自己的爱情。

培养认真的爱情

还有一个现象则非常罕见，那就是有人会有意去培养认真的爱情。我们可以简单地称之为是一种理想，但又不能将它等同于传统上的浪漫主义。对于人格的发展来说，及时地唤醒并有意去培养严肃认真、负责任的感情无疑具有至高的价值。这样的感情是最能抵挡那些让年轻人感到困扰的诱惑的，而且也能有力地激励人们，使之变得勤奋、忠贞、可靠。（《文明的变迁》）

在当今充满物质诱惑和现实考虑的社会中，年轻人的爱情充斥着太多的杂音。如果，爱情能够只和爱情有关，也许“天长地久”就不会那么难。

真爱并不总是美好的

> 爱需要深沉和真挚的情感；没有这些东西，就不是爱，就只是任性的表现。真爱总是会忠于自己，会致力于永久的关系；真爱只是需要自由来影响其选择，而不是来自我实现。任何真正的、深沉的爱都是牺牲，爱人们牺牲了所有的其他可能，或者可以说是牺牲了存在这些可能的幻想。如果不做出这种牺牲，这些幻想就会阻碍任何有深度、负责任的情感成长，这样这个人就会失去体验真爱的可能。（《文明的变迁》）

在真正的爱情里，除了快乐的索取和获得，还有无私的奉献和无谓的牺牲。所以真爱并不总是美好的。但在真正相爱的人眼里，也许连牺牲也会是美好的吧。

爱情是一种信仰

爱情跟宗教信仰的共同点不仅限于一处。爱情需要无条件的信任，希望得到绝对的服从。只有全身心屈从于上帝的人才能沐浴神恩。同样，爱情也只向那些忠贞不渝、毫无保留地奉献自己的人展示它的最高机密。因为要做到这一点并非易事，几乎没有凡人可以声称自己做到了。但是，正是由于天下最真挚、最忠诚的爱情才是最美妙的爱情，那么不要让人把它变得唾手可得。（《文明的变迁》）

真正的爱情和宗教一样，是高高在上的，但又平易近人的。它要求你放弃很多东西，做出很多牺牲，近乎严苛的要求让你甚至会产生放弃的念头。但只要你做到了，它就会回馈你需要的一切：困境中的支持、孤独时的陪伴、相守一生的诺言。

爱情是昂贵的

爱情不是廉价的——因此我们必须警惕不要把爱情变得廉价。我们所有的不良品德，唯我、怯懦、世故，所有这些东西都会阻止我们把爱情当真，但是，只有当我们把爱情当真的时候，爱情才能赐予我们回报。（《文明的变迁》）

爱情是很昂贵的。但这并不意味着你可以用名车、豪宅、钻戒来收买爱情，因为这些东西在真正的爱情面前一文不值。真正的爱情要求你抛弃自我、怯懦和世故，用无私、勇敢和善良来与之交换，而这些品格才是真正的无价之宝，也是爱情必需的养料。

侍奉爱的神祇

现在有人在谈起性问题的时候总认为它跟爱情是两码事，我不得不认为这是一大不幸。这两个问题是无法分开的，因为当存在性问题的时候，只有通过爱才能予以解决。任何其他的解决方法都是有害无利的替代方法。仅仅被当作性的性是野蛮的，但被当作爱的表达的性则是神圣的。因此，永远不要问一个男人做的是什么，要看他是怎么做的。如果他是出于爱或者爱的精神，那么他是在侍奉神祇；不管他做了什么，都由不得我们来评判，因为那都是高尚的。（《文明的变迁》）

把爱和性严格区分开来，那是不切实际的假道学。当性作为神圣爱情的表达方式出现的时候，它一定是与责任和关爱同行的；如果不是这样，那么这种爱情的纯洁性就是值得怀疑的。

爱神与逻各斯

女性的心理是建立在爱神的原则之上，爱神是伟大的绑定者；而自远古以来，男性所认定的统治原则却是逻各斯（理性）。用现代术语来说，爱神的概念可以表述为心理相关性，而逻各斯的概念则可以表述为客观兴趣。在普通男性的眼中，从真正意义上说，爱与婚姻这个机构是一致的，婚姻之外就只有通奸或“柏拉图式”的友谊而已。对于女性而言，婚姻根本就不是一个机构，而是人的情爱关系。（《文明的变迁》）

对于爱情，男人和女人有着截然不同的理解。在女性心中，爱情的第一要义是情，是一种单纯的心理感受；在男性心中，爱情不是能够简单定义的东西，它是一套完整的系统，最重要的是性，但感情、沟通、物质支撑等附属品也是必不可少的。

视婚姻为圣事

婚姻这个机构极其宝贵，从社会和道德的角度来说都是如此，宗教信仰者甚至把婚姻视为一桩圣事，因此我们很可以理解：当这个机构变得衰落时，人们会觉得极不可取，甚至会觉得是骇人听闻。在我们理想的和声中，人类的不完美一直都是一个不和谐的音调。不幸的是，没有人生活在我们所渴望的世界中，而是生活在现实世界里。（《文明的变迁》）

婚姻是一件神圣的事情，它代表着责任和承诺。无须抱怨现实世界中，婚姻和神圣渐行渐远，只要我们对婚姻还心存敬仰，事情就不会坏到哪里去。

如何处理自己的情绪

经我们压制的情绪也是我们要隐藏的东西——某种我们要瞒骗自己的东西——在这方面男人是最有办法的，而女人，除了几个例外，都是天生无法这样对待她们的情绪的。情绪一旦受压制，如同无意识的秘密，它就会孤立我们，扰乱我们，使我们心中有罪恶感。通常假如我们心中有个其他人从没有过的秘密，本性便会对我们发脾气，因此假如我们把情绪压制以免伤害其他人，本性当然也会对我们发脾气。在这方面，本性最不喜欢有空白了，长时间后，再也没有比人与人之间只凭压制情绪来维持和谐关系，更令人受不了的事了。受潜抑的情绪通常都是我们想要保密的。不过，其中大部分的情绪根本是不值得保密的；有许多可直言的情绪，就因为在紧要关头被压制了，所以才成为无意识的一部分。（《寻求灵魂的现代人》）

男人是理性的动物，更习惯于把情感隐藏起来；女人是感性的动物，更倾向于把感情宣泄出来。但这两种处理情绪的方式都有自身的弊端。压抑情感伤害自己，宣泄情感更易伤害别人。

所以，承认自己的情绪处理方法的弊端，学习他人的处理方式的优点吧，这样我们就能不断进步，创造更好的生活。

宣泄治疗

只有借助于倾诉的形式，我方能投入人类的怀抱中，从此可免于道德放逐之苦。此宣泄治疗法的目的便是充分的倾诉——只在表面上把事实说出是不够的，而是要诚心诚意地将受压抑的情绪真正释放才行。（《寻求灵魂的现代人》）

情感的宣泄并不是一件丢人的事。河流需要在汛期泄洪，否则洪水就会溢出河道，泛滥成灾。人的情感也是一样。用合适的方式把心底的情感彻底释放出来，于人于己都是一件好事。

第六章 人格与心灵

和自然之物相比，人的本质在于心灵。有了心灵，进而有人格，然后人这个物种才能成为人。

心灵和人格是这个世界上最美好的东西。因为它们能让你在困境中保持乐观，在贫穷时泰然自若，在纷争中保持独立的思考。但它们也有弱点：会感到恐惧，会急功近利，也会拒绝思考而随波逐流。

人无完人，有弱点并不可怕，可怕的是不愿为弥补弱点而做出努力。

就让我们在荣格的分析中发现自身的弱点，在荣格的智慧里找寻改进的方法吧！当我们拥有了美丽心灵和健全人格的时候，生活必将以更美的姿态呈现在我们面前。

和心灵促膝长谈

在某段人类史期间，人类把所有力量都投注在研究自然，很少注意到人类的本质，即心灵。即使有，那也只不过是研究意识的机能而已。但心灵真正复杂和陌生的那部分——从象征产生的——仍旧没被开发。看来似乎很不可信，虽然我们每晚从象征那里接收到讯号，而且辩论这些沟通语言似乎太过沉闷，但很少有人受其干扰。人类最伟大的工具——心灵——很少被考虑而且经常被断然轻视和怀疑。（《荣格说潜意识与生存》）

在醉心于物质飞速发展的今天，我们已经太久没有关注过自己的心灵，是时候停下脚步，和心灵进行一次“促膝长谈”了。

我们并不了解自己的心灵

对于人类给这个星球表面所造成的所有历史变革，其中要负主要责任的就是我们的心灵，但人的心灵一直都是一个未解之谜，一个难以理解的奇迹、一个永远让人无法捉摸的对象。这是自然界所有秘密的一个特征。对于自然界的秘密来说，我们还有希望发现更多的事物，给那些最棘手的问题找到答案，然而，对于心灵和心理，我们似乎很奇怪地会感到犹豫。（《文明的变迁》）

和人类对自然的了解程度相比，我们对自己的心灵知之甚少。所以，在辛劳地奔走之后，我们很少感到快乐，因为那并不是心灵想要的；而它真正想要的，我们并不知道。

心灵决定未来

没有人可以否认：没有心灵，就不会有世界，更不会有人类世界。几乎所有的一切都取决于人类的心灵及其功能。心灵配得上拥有我们可以给予的所有关注，而今天更是如此，因为大家都承认：未来的幸抑或不幸，不是取决于野生动物的威胁，也不是取决于自然灾难或全球性流行病的危险，而是简单地、唯一地取决于人的心灵变化。（《文明的变迁》）

美国诗人爱默生曾说："虽然我们走遍世界去寻找美，但是美这东西要不是存在于我们内心，就无从寻找。"由此可见，心灵的美与丑将决定我们看世界的眼光和态度。

认识心灵的力量，努力完善自我的心灵，不要让心灵把我们引入歧途，而要让它引领我们走向更加美好的未来。

人格有高下之分

有个性的人格，或者说卓尔不群的人格，是对某一社会而言最有价值的。通过门第或等级结构的压制，而消除人们之间的差异，这对任何一个社会都迟早会导致灾难的。因为，当所有出类拔萃的东西都抹平后，所有的指引物都消失了，渴望引领就会成为一个迫切的需要。人类的引领难免出错，领导者自身一直受而且还将受强大的象征性原则的支配。正如个人无法说出他生活的目的和意思，除非他将自我交给一个比人类高级的精神权威。（《人格的发展》）

消除地位、种族、身份间的差异，寻求大同，是人类美好而朴实的愿望。身份可以没有等级，但是人格和心灵必然有高下之分。擦亮眼睛，仔细分辨那些隐藏在卑微身份下的高贵心灵和伟岸人格吧，它们将给予我们生活的动力和奋斗的目标。

一切都有原因

行动永远不能被发明，而是被实施。另一方面，思想则是一种相对晚些的发现；它们是被发现出来的，继之而被探究和洞察。在人之前非反思的生活已存在了很长时间；它不是被发明，而是人在其中发现自己实际上是事后思考。他先是被潜意识因素驱动着趋向行动，只是在很长时间之后，他才开始去反思促使他运动起来的原因何在：因而确实经历了很久的时间，他才形成了这样的荒谬观念——他必然是自己运动起来的。除了他自身固有的驱动力量之外，他的心灵不能看出还有什么别的力量。我们会嘲笑所谓一种植物或一只动物发明自身的观念，却有很多人相信精神或能自我发明，并因此使其自身存在起来。事实上，心灵成长到它现在所具有的状态，正如一粒橡树籽长成一棵橡树，或蜥蜴类动物进化为哺育动物一样。过去是，现在依然是这样：我们因此既是被来自我们自身内部的力量，也是来自外部的力量所驱使着运动起来的。（《象征生活·象征与梦的解析》）

心灵，有它的襁褓。行动，有它的巢穴。没有无因的举动，也不会有无根的思想。所谓无来由的行动，只不过是我们还没有找到它的来由。

知耻近乎勇

如果一个人能接受他的罪，那他就能以此生活下去。如果一个人不能接受它，那他就不得不承担不可避免的后果。（《象征生活·分析心理学的理论与实践》）

勇敢有着多种多样的表现：面对屠刀，坚持正义是一种勇敢；克服困难，不屈不挠是一种勇敢；不畏强权，追求自由也是一种勇敢……还有一种勇敢，那就是敢于承认和面对自己所犯的错，即所谓“知耻近乎勇”（《礼记·中庸》）。

完善自己的人格

“世上最大的幸福，应是人格的快乐！”这是歌德所写的一段诗节的最后两句，经常被人引用，但往往没有弄清其真正含义。这两句诗表达的一个观点是：所有人类的最终目标和最大愿望就是让生活中被称为人格的那个品质得到发展。……世界历史上所有伟大的解放运动从来都是源自具有领导地位的人格，而不是呆滞的民众，后者在任何时候都是位居次要的，而且只有在煽动家的鼓动下才会行动起来。因而，渴望人格在今天已成为许多人思考的一个实实在在的问题。（《人格的发展》）

要想获得长久的幸福快乐，就应该拥有一个不断发展的人格。荣格说：“人格是一粒种子，它只有通过整个人生的漫长阶段才能得以发展。”完善人格的过程虽然是漫长的，但必将充满不断改进和向上发展的快乐。

成为自己的信仰

那么，何为宗教？宗教即是精神治疗方法。我们这些心理治疗师们正在干什么？我们正在力图治疗人类心灵、人类心理或人类灵魂的创伤，而宗教也在解决同样的问题。所以说，我们的主本身就是一位治疗师，一个医生，他治愈人们的伤病，摆脱人们灵魂上的困扰，而这正是我们所说的精神或心理治疗。我将宗教称为精神治疗方法，这并不是玩文字游戏。作为一种最精深的体系，在宗教的背后蕴涵着深刻的实践上的真理。（《象征生活·分析心理学的理论与实践》）

所谓心灵创伤，是因为灵魂无处安放。而在宗教的世界里，心里的苦可以倾诉，受过的伤能得到抚慰，灵魂也不再卑微和孤独，这就是信仰的力量。

其实，当我们的心灵足够强大的时候，我们完全可以做到自己给自己疗伤，自己给自己力量，从而成为自己的信仰。

撬动人类自身的支点

指向纯自然的人和其世俗存在之外的精神目标绝对是心理健康的必需品，是阿基米德的那个点，基于此可以撬起整个地球，将自然王国变成文化世界。（《人格的发展》）

当从探究身外之物转向勘探内心宝藏之时，人类就在精神领域找到了一个支点，有了这种对了解内心的渴望，人类才能撬动自身。

心灵的个体性

儿童的心灵仍然受到父母，尤其是母亲心灵的影响，儿童的心灵甚至可以视为是父母心灵的功能性附属。儿童心灵的个体性是后来形成的，是在建立起意识的可靠衔接之后形成的。我认为，当儿童开始用第三人称来称呼自己的时候，就清楚地证明了他们心理上的非个人性。（《文明的变迁》）

其实，所有人的心灵都不是完全独立的，都会受到周围人的影响。无须为了证明自身的独立性而盲目排斥他人的影响，能清晰地认识到他人的哪些影响是有益的，哪些是值得警惕的，这样的深入思考和独立人格才是最有价值的。

肉体和心灵

对心灵的迷恋导致人们进行新的自我评价，对我们的基本人性进行评价。长期以来，人们对肉体一直是压抑的。倘若因为对心灵的迷恋导致人们重新发现肉体，那么我们也无须大惊小怪，我们甚至忍不住想说肉体是在以牙还牙。肉体要求获得同样的承认：它散发出跟心灵一样的魔力。如果我们再局限在过去的观念中，认为心灵跟物质是截然对立的，那么我们会觉得目前的状况是一种令人无法忍受的矛盾。但是，倘若我们让自己接受这个神秘的事实，即精神是从内心的角度看到的肉体生活，而肉体则是精神生活的外在体现，两者实则为一，那么我们就可以理解这一点。（《文明的变迁》）

肉体是个行动者，灵魂是个支配者。当肉体在灵魂的支配下行动的时候，事情坏不到哪里去；而当肉体按照生理的需要肆意妄为的时候，人类就将面临一场灾难。

识人五法

对于人格的发展来说，逆来顺受和消极被动都是有害的，因为它们阻碍了人们去体验有用的经验，去运用自己的特殊天分和品德。只有在自由的情况下，一个人才能获得高尚的道德，而且道德的价值也只有在道德处于险境中时才能得到明证。仅仅是由于关在牢里而不去偷窃的小偷并不是个有道德的人。（《文明的变迁》）

战国初期，魏国政治家李悝提出“识人五法”，曰：“夫观士也，居则视其所亲，富则视其所与，达则视其所举，穷则视其所不为，贫则视其所不取。此五者足以观矣。”人在困窘时做出的选择，最能体现一个人的道德。

面子问题

从词义上来说，“体体面面”就意味着要让别人看到自己；一个体面的人必须符合众人的期待，要戴上理想的面具，简而言之，要是个骗徒。“行为端正”不是欺骗，但当体面对心灵造成压抑，压抑了上帝赋予的人的精髓的时候，那么人就成为上帝口中的伪君子了。（《文明的变迁》）

林语堂先生在谈到面子时曾说：“中国人的脸，不但可以洗，可以刮，并且可以丢，可以赏，可以争，可以留，有时好像争脸是人生的第一要义，甚至倾家荡产而为之，也不为过。”（《脸与法治》）

面子可以争，但关键在于什么样的面子值得争，什么样的面子可以丢，什么样的面子必须留，要有能弄清这些问题的智慧才行。

境由心造

我们越是固执地认为所有的增加只得来自外部，我们的内在就会越是贫瘠。因此，如果一种伟大的思想从外部抓住我们，我们必须明白，它抓住我们完全是因为我们内心的某种东西与它相符，去迎接它。心理的丰富在于心理接受力，而不在于有物的增加。从外部来到的一切，以及为此从我们内部浮现出来的一切，具备了如下条件才有可能成为我们自己的人格，即我们的内心足够广阔，能与进来的内容相匹配。（《原型与集体无意识》）

所谓“相由心生，境由心造”。当我们敞开心扉，积极寻找丰富心灵的养料的时候，身边的所有的事物都能为我们提供值得思考和学习的内容。

人格面具

人格面具是个人适应世界的价值理念或者他用以对付世界的方式。比如，每一种职业或者每一个专业有其特有的人格面具。现在要研究这些很容易，因为公众人物的照片如此频繁地出现在报刊上。某种行为被世界强加在了他们身上，并且专业人士也努力满足这些期待。只不过其间的危险是他们认同于他们的人格面具——教授认同他的教材，男高音认同他的声音。伤害因此被造成；他从此完全生活在他自己的传记的背景之中……人格面具就是实际上自己不是那个样子，但是自己以及别人以为是那个样子。（《原型与集体无意识》）

我们每个人的人格都有两面，甚至是多面。一部分是在社会生活中表现出来的，即人格面具；另一部分是在个人生活中表现出来的，是真实的自我。

这样的多面性是无可厚非的，但最重要的是要清楚什么样子的自己才是最真实的。

自卑的自设陷阱

自卑感实际上等于人格的黑暗面。依附人格的黑暗是进入无意识的门户，是梦幻的通道……一个受其阴影支配的人总是在站立于自己的阳光之中的同时，掉入自己的陷阱。只要有可能，他更愿意给他人留下一个令人不快的印象。最终他坏运连连，因为他活在他自己的层面之下，至多是获得了不适合于他之物。而且，即使没有门阶让他绊倒，他也会亲自去弄一个绊脚石，然后沾沾自喜地以为他做了一件有价值的事。（《原型与集体无意识》）

自卑的人习惯于在做任何事情之前，先告诉自己和别人“我做不好”。没了挑战自我的渴望和满足他人期待的压力，自然也就没了会把事情做好的道理。

灵魂和身体必须有一个在路上

知识是没有界限的，绝对不可能有一个为自给自足感到自豪的专业，知识必须把界限扩延到毗邻的范围，要认真地提升知识这个名号的资格。即使是弗洛伊德精神分析中极其专业的技术，刚开始想要探触广阔科学领域时，也同样办不到。事实上，不可能把心灵，以及人的个性分开来处理，所有心灵上的错乱可能都比身体上的不适来得清楚，因为心灵是一个息息相关的整体。（《分析心理学与梦的诠释》）

塑造美好心灵和完善人格的方式有很多种，但它们都有一条共同的准则：遇见足够多的人，经历足够多的事。所以，尽可能多地读书或旅行吧。因为，灵魂和身体至少要有一个在路上，才能经历不同的人生，看到更美的风景。

人类的威胁来自自身

时至今日，人们能够比过去任何时候看得更清楚：威胁我们所有人的危险不是来自大自然，而是来自人类，来自人的心灵，个体的或大众的。人类心理上的迷茫就是危险所在！一切就取决于我们的心理能否正常运转。（《荣格自传：梦、记忆、思想》）

人类心灵世界的范围要比一个医生诊室的有限空间大得太多太多了。人类心理很明显要比生理复杂而且更加难以接近、捉摸，因此，心理活动不仅仅是一个人的问题，而是一个世界的问题，所以，精神病医生必须面对的是整个世界。从现今情势观之，我们可以深切地了解到威胁人类的祸患并不是来自大自然，而是来自人类本身，来自集体或个体的心理状态。（《荣格说潜意识与生存》）

真正的危险信号并非悬在德国上空的烈火迹象，而是原子能的释放，这让人类拥有了彻底自我毁灭的能力。这种情况就好像把一个炸药包送给一个6岁小孩作为生日礼物。他保证说不会造成什么灾祸，但我们不能百分之百地相信。（《文明的变迁》）

人类的所有行动都是受心灵和精神支配的。在如今这个缺乏信仰、缺少精神，甚至无所敬畏的时代，人类的祸患必将来自于人类自己的选择。

见过黑才知道什么是白

上帝并不会因为人们亵渎它而感到受辱，相反，这可能正是它期待的，这样不仅能让人看到人类光明和积极的一面，也能了解黑暗和邪恶的一面。（《荣格自传：梦、记忆、思想》）

一定要有一些人以错误的方式行事。他们要作为替罪的羔羊和正常人感兴趣的对象。想一下你对侦探小说和新闻有怎样的一种感激之情，甚至你都可以说："谢天谢地，我不是那个犯罪的家伙，我是一个非常纯洁的生灵。"你因罪恶的人们为你做了这些而感到满足。这就是耶稣作为救世主被钉死在两个小偷之间的更深层含义。这些小偷以其自身的方式也成了人类的救世主：他们是替罪羔羊。（《象征生活·分析心理学的理论与实践》）

善和恶原本就是相对的概念，只有经历过，才能真正明白什么是善，什么是恶。

幸福有更深的原因

我发现，贫穷也没有什么坏处，至少不是产生痛苦的主要原因，富人的儿子并不比衣衫破旧的穷人家男孩有什么优越性。一个人幸福还是不幸有更深层次的原因，而不是取决于口袋里零花钱的多少。（《荣格自传：梦、记忆、思想》）

林语堂说："幸与不幸之间，只隔了一层薄纸。而你本身就是那层薄纸，你认为那是幸福，便是幸福；你认为那是不幸，便是不幸。"一个人的幸与不幸绝不是口袋里零花钱的多与少这个简单的因素能够决定的，更深层次的原因全在人的内心。

心灵的力量

心灵肯定比躯体更复杂、更不容易接近。它是世界的一半，也只有在我们意识到它时才是存在的。所以，心灵不仅属于个人，也是一个世界性的问题，精神病学家要用整个世界的观念去理解它。（《荣格自传：梦、记忆、思想》）

“哀莫大于心死，愁莫大于无志。”（《庄子·田子方》）心灵就是有这样的支配力量，于个人而言，它就是全世界。

笑看庭前花开花落

神秘体验使心灵处于急剧动荡的地方，就存在着维系一个人重量的那根绳子断裂的危险。因为在这种情况中，有人会掉进绝对“肯定”状态，也有人会掉进绝对“否定”状态。（《荣格自传：梦、记忆、思想》）

在罗斯福未当美国总统之前，一次，他家不幸被小偷偷走了很多东西。好朋友怕他难过，写信劝慰，罗斯福给朋友回信说事情还是有好的方面的：第一，小偷只是偷了东西，没有伤害人；第二，他只是偷走了部分东西，没有偷走全部；第三，也是最重要的，他选择做小偷，而不是我。

我们在一生中必然经历很多生活的突变，是从此走上悲观厌世抑或玩世不恭的极端，还是从容面对，笑看花开花落，选择完全在于我们自己。

未知就是未来

人类对未知的事物有一种强烈的恐惧。去问那些曾经尝试过引进新观念的人吧！既然自称成熟的人也害怕未知的事物，孩子又有什么理由不犹豫呢？对新事物的恐惧是原始人最为突出的特点之一。这可以说是一个相当自然的障碍，而障碍总是会消失的。（《人格的发展》）

对于未知的事物，恐怕我们内心的恐惧都会多于好奇。但要知道，未知就代表着努力的方向和成长的可能。生活，就是在一个又一个未知变成已知的过程中不断向前的。

不要忘了来时的路

任何新事物都应该受到质疑，并谨慎地加以检验，因为最后它很可能仅是一种新的弊病而已。这就是为什么缺乏成熟的判断不可能有真正的进步。然而，明智的判断需要坚定的立场，而这又仅取决于是否对过去有安全的了解。对历史语境没有了解并任由其与过去的联系割断的人，常会有陷入所有新事物带来的欺骗和狂热之中的危险。所有的改革者的悲剧在于他们将婴儿和洗澡水一起倒掉了。（《人格的发展》）

任何事物都有两面性，新事物也不例外。在拥抱新事物的时候，不要忘了值得坚守的“旧东西”；就像大踏步向前走的时候，不能忘了来时的路。

一辈子要做的三件事

忏悔也可以用作自我欺骗。一个人越聪明、越有修养，他就越能巧妙地欺骗自己。智力一般的人不会相信自己不是圣人就是罪人。这都可能是有意识的谎言。他宁愿对自己的精神品质羞愧地保持沉默，总是一方面警惕他深不可测的罪恶感，另一方面不忘他值得称赞的谦逊的洞察力。（《人格的发展》）

国学大师南怀瑾先生说，人这一辈子要过好，只需要做到三件事——不自欺，不欺人，不被人欺。

一辈子的幸福就是这么简单，但要做到，非要有美好的心灵和完善的人格不可。

要承认人的不完美

作为重实效、有理智的人类，我们从未期望宇宙是完美无缺的；我们承认这些不可避免的缺陷，把它们称为反常和病态，并且理所当然地认为人类的本质是无法回避这些缺陷的。（《人、艺术与文学中的精神 ·心理学与文学》）

人无完人。人类的理性认识并非完美，但人的理性使人类认识到自身的缺陷。敢于正视并积极对待，才能够使缺陷得以弥补，使不完美趋于完美。不敢正视缺陷的人将永远背负着缺陷带来的害处。

做自己心灵的主人

不难相信，人是其固有房屋的主人，但是，只要我们不能够主宰我们的情感和心境，或意识到潜意识因素有无数秘密的方式得以自动潜入我们的安排和决定之中，那么，我们就确然不是自己的主人。相反，我们有太多不确定的原因，因此我们最好是三思而后行。（《象征生活·象征与梦的解析》）

宋末元初思想家许衡曾和众人一起远行，天气炎热，十分口渴。恰好路边有一棵结满梨子的梨树，大家争先恐后地摘梨子吃，只有许衡一个人端坐而不食。大家问他原因，他说那梨树不是我们的，不能随便吃。友人说，现在是乱世，这梨树早就没了主人。许衡回答说："梨无主，吾心独无主乎？"（梨树没有主人，难道我的心也没有主人吗？）

在物欲横流、充满诱惑的今天，想做自己心灵的主人不是一件容易的事。你是自己心灵的主人吗？

每个人的“尾巴”

我总是说，我们的心理后面有一条长长的蜥蜴类的尾巴，即我们的家庭和民族的历史、欧洲和世界的历史。我们始终都是人，而且我们永远不应忘记，我们承载着只有人类才有的全部负荷。如果我们仅仅只是头脑，那我们就会像有头脑和翅膀的小天使一样：它们当然可以随心所欲，因为它们不会受到那只能行走于地上的身体的妨碍。（《象征生活·分析心理学的理论与实践》）

我们的意识只是一个表皮，只是我们的心理存在的前卫。我们的头脑是单向度的。但是在我们的意识后面有一条长长的、历史性的、犹豫不决的“尾巴”，以及各种缺陷、情结、偏见和遗传因素。我们在决策时总是遗漏这些东西。我们总认为我们能不顾自身的缺陷，一往无前。但是这些缺陷分量不轻。我们因为忽视自己的尾巴，常常在达到目的之前就半途而废。（《象征生活·分析心理学的理论与实践》）

我们的生活和心灵都不是单纯的东西，很多时候我们都有一些“身不由己”。而那些让我们“身不由己”的东西会随着年龄的增长越变越多。所以，趁着年轻，有梦就去追吧！

难得糊涂

如果你就教于一位哲学家的话，那么思考成了某种非常复杂难解的东西。所以千万不要问一个哲学家关于思考的问题，因为他是唯一不知道什么是思考的人。其他任何人都知道什么是思考。你对一个人说“现在严谨地思考吧”，他确切地知道你的意思，但是哲学家绝对不会知道。（《象征生活·分析心理学的理论与实践》）

其实生活原本很简单，是我们偏要把它想得很复杂、很艰难，就像哲学家对待思考一样。生活快乐的秘诀就在于“难得糊涂”。

只有上帝才完美

印度人在修筑一座庙宇时，会留下一个未完成的角落。只有上帝才能做出完美的东西，人绝对不能。最好是能认识到人不是完美的，这样会感觉更好些。（《象征生活·分析心理学的理论与实践》）

至于完美的问题：努力追求完美，就是最完美的。但是我要说：“去完成那些你能够完成的东西，而不要去追求那些你不可能企及的东西。”没有人是完美的。记住谚语：“只有上帝是完美的。”而人不是。它是一种错觉。我们谦卑地尽力去实现自我，去尽可能地做一个完全的人。这已经够让我们为难了。（《象征生活·分析心理学的理论与实践》）

有一名男子来到一家婚姻介绍所，进了大门后，迎面又见两扇小门，一扇写着“美丽的”，另一扇写着“不太美丽的”。男子推开“美丽”的门，迎面又是两扇门，一扇写着“年轻的”，另一扇写着“不太年轻的”。男子推开“年轻”的门……就这样一路走下去，男子先后推开了九道门，当他来到最后一道门的时候，门上写着一行字：“您追求得太过完美，到天上去找吧。”

这虽然是一个笑话，但说明了一个严肃的道理：这个世界上没有完美的东西，过分追求完美反而可能落得一场空。

多彩才会美丽

骗别人摆脱他们命中注定的东西，或者帮助他们超出自己的水平去行事，都是错误的。如果一个人具备适应的能力，那就要用尽办法去帮助他；但是如果一个人真的不能适应，那就一定不要让他去适应，因为这样他会更好些。如果所有的人都进行了适应性改变，那世界会变成什么样子呢？它会是让人感到难以容忍的乏味。

（《象征生活·分析心理学的理论与实践》）

彩虹就是因为多彩才会美丽。如果世界上所有的人都是一个样子，生活的乐趣又在哪里呢？

你不可能完全了解一个人

人性不光是挑剔的，还是深奥难懂的。但是，没有哪个了解人性的人会因而隐瞒他的所知，因为他知道心灵发展的秘密不可能被泄露，仅仅因为这个发展过程是由个人能力决定的。（《人格的发展》）

人性的深奥难懂不仅在于它的形成过程漫长且复杂，还因为每个人的经历都千差万别。所以，要想了解一个人，不仅要看他的现在，还要看他的过去。但不论怎样，我们是不可能完全了解一个人的，即使那个人就是我们自己。

无友不如己者

如果你生活在一个富裕的社会当中，但是突然间失去了所有的金钱，那么你的自然反应就将会是这样去想：这件事真是糟糕而且丢脸，自己是唯一一个把钱都丢掉的笨蛋，但是，如果每个人都丢掉了他的钱，那就另当别论了。你就会对这件事甘心接受。当别人和我身处同样的窘境中时，我会感到好受些。如果一个人在沙漠或者冰川中迷失，如果一个人是任人摆布的一队人的负责人，他就会感到不安。但是，当他是整支溃散部队中的一名士兵时，他就会加入其他人当中去尽情玩乐、大开玩笑，认识不到危险何在。危险并没有减少，但是个体在身处一个群体中时对它的感受，与不得不单独面对它时相比，会颇有些不同。（《象征生活·分析心理学的理论与实践》）

所谓“近朱者赤，近墨者黑”，群体对个人的影响是十分巨大的。如果你想成为优秀的人，就要和比自己更优秀的人交朋友。正如孔子所说：“无友不如己者。”（《论语·学而》）

人类无法避免偏见

发疯是一个非常相对的概念。例如，当一个黑人以某种方式行动，我们会说“这个人疯了”，因为一个白人不会有那样的行为。一个黑人做出这样的行为是在意料之中的，但是白人就不能像他们那样。“发疯”是一个社会概念，我们使用社会性的限制和界定，以便区别出精神障碍。一个行为无法预料、想法古怪的人，我们可以说他是奇怪的，如果他碰巧生活在法国或者瑞士的一个小镇上，你就会说“他是一个古怪的家伙，是这些小地方众多古怪居民中的一个”。但是如果你把这个人带到哈利大街，那么，他就一定是疯子了。或者，如果某一个人是画家，你认为他是一位非常古怪的艺术家，但是如果要让他到一个大银行去当出纳员，这家银行一定会感到惊异。他们会说这个家伙必定是疯了。但这些完全都是社会性描述。（《象征生活·分析心理学的理论与实践》）

人类一直都在追求公正，但也从来无法避免偏见。在谈任何人，做任何事的时候，都请记住这一点吧，只有这样，我们做出的判断才有可能向公正无限靠近。

避免冲突的方法

> 事实上，经常且突出地出现于人们实践活动中的现象是，除了他自己固有的立场以外，一个人几乎不可能更多地理解和认可任何其他的立场。在更小的事情上，流行的浅薄、并不常有的纵容和容忍，以及同样罕见的友善，可能有助于在由于缺乏理解所造成的人与人之间的裂缝上架设起桥梁。但是，在更重要的事情……似乎不可能达成共识，这也可以视为一种规律。冲突和误解无疑是人类生活悲喜剧中经常发生的现象。（《心理类型——个体心理学》）

黑格尔说，存在即合理。但在现实生活中，我们总认为只有自己的所思所为才是合理的，并不断试图改变他人的想法。很多冲突和误解就在这样的固执坚持中产生了。其实，要避免这些不必要的冲突很简单，“只需要承认自己也许会弄错，就能避免争论”（卡耐基语）。

世界上最难的事情

我们不能再充当全能的上帝，把自身作为评判自然现象优劣的标准。我们没有通过区分有用植物和无用植物来建立植物学，也没有通过区分无害动物和危险动物来建立动物学。但是，我们仍然轻率地认为意识是有意义的，而潜意识是胡说八道——就好像你确实能够判断自然现象是否有意义一样！比如说，细菌有意义还是没有意义呢？这样的评价方式恰恰表明了我们思想的低劣：思想将其无知和无能都隐藏在狂妄自大的裙底之下。诚然，细菌是渺小甚至微不足道的，但对其一无所知则是愚蠢的。（《象征生活·象征与梦的解析》）

世界上最难的事情，就是让一个人真心诚意地说："我不知道。"

不完美才快乐

“人”这个字听起来是非常美妙的。但是，对这个字有了正确的理解之后它听起来就不会这么美妙、这么品德高尚、这么聪明睿智了，而仅仅只会是中等偏下而已。这是通往“最丑陋的人”，也就是真实的人的一步，是查拉图斯特拉所无法迈出的一步。我们对这一步的抵触，我们对它的恐惧，这些都显示出我们自己的深度具有巨大的吸引力和诱惑力。切断人的深度绝对不是办法，这只会是假象，是从本质上误解其意义和价值。因为，哪里只会有高度而没有深度，哪里又会有投不下阴影的灯光？所有的善都会有恶的反对。（《文明的变迁》）

任何人都不可能是完美的。无须为自己的不完美忧伤，因为正是由于缺陷的存在，我们的生活才有了努力的方向。

人生有苦也有甜

均衡的痛苦与欢乐构成人生的整体性及实现。因为过于直面痛苦未必愉快，所以很自然地宁可不要去估量我们究竟要承担多少担忧和恐惧。因此我们老是大谈更快乐、最大可能的幸运，却没有想到如果不幸的话，幸运可能也被下了毒。（《分析心理学与梦的诠释》）

人不能选择不为人，但可以选择做人的方式和方法。人的一生不可能只有单一的痛苦或单一的欢乐。在痛苦的时候，可以多想想快乐和幸运，给自己以希望；在快乐的时候，可以多谈谈痛苦和不幸，给自己以警惕。不要被自己臆想出的不幸阻挡了前进的步伐，也不要被盲目的乐观迷惑了双眼。

不是所有的努力都会有回报

有一个我们可以达成的目标就在前面，那就是个人的发展与成熟，只要我们有对上天的确信，个人才是生命的母体，那么我们已对生命的意义有了作为。如果至少有一棵树结出了果，就算其他的一千棵树毫无结果的能力，也算成功。若有人怀抱着所有栽种的树都要硕果累累的目的，不必多久他就会体验到，长得最茂盛的竟是杂草，都高过他的头了。（《分析心理学与梦的诠释》）

人之所以不快乐，就是因为想要的太多。不是所有的付出都会得到预想的结果，但在努力的过程中，我们就会有所成长，这对于人生已是莫大的收获。学会知足，才能长乐。

常问路的人不会迷失方向

当一个人一意孤行，或当一个人只生活在自己的方式中时，他也必会因此而犯下一些错误——有些事物，在生命中是不可或缺的。没有谁能保证在任何时刻我们都不会在致死的危难中犯下任何错误。我们想，必定有一条确定的路可行。但是，它可能就是死亡之路。那么，再也没什么事会发生了——无论如何，不是正确的事。（《荣格说潜意识与生存》）

波兰有句谚语说得好："常问路的人不会迷失方向。"任何人都可能犯错，多听取他人的意见，多思考别人的看法，就能有效避免很多错误，及时调整前进的方向，人生的道路也会更加顺畅。

保持对大自然的敬畏

人类从来未曾充分地认知任何事，或者完全地了解任何事，只要你细思片刻就会相信我所言不虚。人能看、听、触摸、尝味，但无论看得多远，听得多清楚，触摸什么，尝到什么，完全要因他的感官特性而定，这就限制了他对周围世界的认识。用科学仪器，固然可以弥补部分感官的缺憾，比如他可以用望远镜增长视线，或用电子助听器加强听觉，但即使最精致的仪器，也只能把远处或微细的东西收入他的眼底，或令微弱的声音较为清晰可闻。无论他使用什么仪器，就某点而言，他只能达到确实性的边缘，至于凌驾其上的境地，则非意识的知识所能超越的了。（《荣格说潜意识与生存》）

人类的知识和能力都是有限的，因此，对大自然的认知也是有限的。所以，请常怀谦卑之心，保持对大自然的敬畏吧。因为对大自然而言，我们只是无知又自大的人类而已。

大音希声

我认为，大自然跟我一样也是上帝所创，但它不是上帝，虽然它是上帝按照自己的旨意而创造出来。我不懂，为何只把上帝类比于人。在我看来，高山河流、大海、漂亮的花朵、树木和动物要比人类更能反映上帝的本质，而人却身着各种可笑的衣服，卑鄙下流，愚蠢不堪，爱慕虚荣，欺骗成性，自私可恶。（《荣格自传：梦、记忆、思想》）

老子有言：“大方无隅，大器晚成。大音希声，大象无形。”（《道德经》）外强中干之人往往喜欢用强者的面具来掩饰自己的卑微，而真正的强者则懂得包容、等待和谦卑。

你跟别人没什么两样

不了解大自然的人自然容易得神经症，因为他们无法适应现实。他们太过于天真；就像小孩子那样，人们必须要向他们解释他们也是一个人，跟别人没什么两样。（《荣格自传：梦、记忆、思想》）

其实，我们和别人没什么两样，都一样卑微，也都一样重要。因为卑微，所以要谦虚待人；因为重要，所以要尊重他人。

心灵的光明与黑暗

从天地初创起，人们的心灵就存有对光明的向往和发自本源想要逃离黑暗的渴望。当彻夜的黑暗来临，一切都显现出一种深深的哀伤以及对光明的一种不可言状的向往。（《荣格自传：梦、记忆、思想》）

当我们身处黑暗之中时，就会本能地渴望光明。那对于不可见的黑暗和光明呢？有那么一种黑暗，藏在人心之中。又有多少人能识别出心灵的黑暗，并能真正为获得光明而努力呢？

学会接受命运

> 只有在患病之后我才明白，接受自己的命运是如此重要。因为只有通过这种方式，自我才会存在，也只有这样才会在无法捉摸的事情发生时不放弃。自我经得起考验，能够接受真实，有能力应对世界和命运。这样，人们即使在遭受失败的时候也能够体验到胜利，不再受到任何事物干扰，无论是来自外界还是来自内心。因为自身的延续性已经顶住了生命和时间的洪流。（《荣格自传：梦、记忆、思想》）

人生无常。在生命的旅途中，我们总会遭遇一些不如意。如有不顺，就先试着接受吧。接受并不意味着向命运低头，而是意味着不绝望、不放弃，然后才能绝地反击。

不要固执己见

对人类来说的重要问题是：你和某些无限的事物是否有关？这是其人生的准则。只有当我知道真正重大的事是无限的时，我才不会把我的兴趣施加于毫无价值的东西和没有重要意义的事物之上。如果我不了解这一点，那么为了这种或者那种我认为是个人具有的特性，而坚持世界上的某些事物是有价值的，这也许是“我的”才华，或者是“我的”美。一个人越坚持错误的看法，他可感觉到的重要的事物越少，他的人生就越发不能令人满意。他感到受限制，因为他的目标很有限，这导致他产生羡慕和嫉妒。（《荣格自传：梦、记忆、思想》）

凡人的平庸在于他的短视与固执，伟人的伟大在于他的远思与通达。不要把目光固执地局限在眼前的利益上，要学会说得更少，听得更多，看得更远。

克制是一种美德

大家都知道，每个个人的秘密都带有罪恶感在内——无论如何，从常人的道德观点来看，可说是种错误的秘密。另外有一种掩藏称为“克制”——通常都是情绪的克制较多。就如同秘密的情况一样，我们在此也应有所保留。克制是有利于身心的，甚至可说是一种美德。这就是为什么克制是人类最早的道德成就之一。它在原始人的入会仪式中占有相当重要的地位，尤其是些禁欲者及忍受痛苦或恐惧者更是如此。（《寻求灵魂的现代人》）

“君子忍人之所不能忍，容人之所不能容，处人之所不能处。”克制是成就大业必需的美德。